미술치료학

이론과 실제

정유진

KNOWLEDGE COMMUNITY 공동체

머리말

미술치료를 접하는 사람이면 설레는 마음으로 자신을 찾아가는 여행을 떠난다. 인생을 살면서 미술표현을 통해 창조성과 예술적 감각이 표출되는 경험을 해본 적이 있을 것이다. 일반적으로 미술 전공자가 아니면 미술작품의 창조가 어려운 일이라고 생각하지만 주변을 살펴보면 일상생활 속에서 우리는 창조가로서의 역할을 하고 있음을 알 수 있다. 집 안의 인테리어를 아름답게 꾸미거나 탁자 위에 예쁜 꽃을 놓아두는 것, 멋진 액자를 벽에 걸어두거나 정원을 아름답게 가꾸는 일들이다.

미술표현은 얼마나 아름답게 잘 꾸며졌는가를 평가하는 것이 아니라, 우리들의 삶에 활력과 생기를 불어넣어 주고 기쁨을 느끼게 해주는 것이다. 취미로 그림을 그린다거나 사진을 찍는 것, 그림일기를 쓰거나 꿈을 기록하고 그려보는 것 등 어떤 형태로든 무의식적 상징들을 기록하는 행위는 그것을 창조해 나가는 과정 자체가 의미 있고 즐거운 일이리고 할 수 있다.

미술활동은 우리들의 마음을 안정시키고, 두려움과 긴장을 완화시켜 주며, 걱정, 근심을 잊게 해주는 좋은 방법이고, 자기표현의 수단이면서 창조적인 힘을 촉진시켜 준다. 이와 같이 미술표현은 치료적인 힘을 가지고 있으며, 미술활동과 심리치료는 연관되어 있음을 알 수 있다.

미술심리치료는 미술활동을 통해 내담자의 무의식적 상징성을 탐색하며 발견하고 인식하여 재통합하는 과정을 거친다. 우울, 불안, 위축된 내담자들에게 비언어적으로 접근하게 되므로 거부감이 감소되어 편안함을 줄 수 있다. 또한 미술심리치료는 그 자체의 정화기능으로 인하여 내담자들의 내면화된 감정을 승화시키는 데 도움을 주며, 미술활동을 통해 잠재된 내면의 억압된 감정으로 인한 긴장감이나 불안, 위축을 완화시켜 흥미와 자발적인 창작활동을 촉진시킨다.

이 책은 제1장에서 제7장으로 구성되었다. 제1장은 미술심리치료의 이해와 미술심리치료 적용을 다루고 있으며, 미술치료의 개념과 견해 및 미술치료의 유형별 치료과정을 살펴봄으로써 미술치료 현장에서 미술매체를 통해 실제 활용할 수 있도록 구성하였다.

제2장에서는 미술심리치료의 이론적 모델을 살펴본다. 미술치료를 공부하는 학생들이나 미술치료사들이 자신의 활동이 어떤 이론적 근거에 의해서 이루어지고 있는지를 아는 것은 매우 중요한 일이다. 이러한 점에 있어서 미술심리치료의 다양한 이론적 모델을 제시하였다.

제3장은 미술심리치료의 대상을 다루고 있다. 일반아동과 특수아동은 문제행동에 대한 개인미술치료를 실시하고 있으며, 청소년 미술치료는 학교 현장에서 집단미술치료를 하는 실정이다. 성인 미술치료는 미술작품을 통해 상징에 대한 해석상담을 진행하고 있으며, 노인 미술치료는 증상에 따른 재활미술치료를 사용하고 있다.

제4장은 미술심리치료를 진행하는 과정을 살펴본다. 전화의뢰, 첫 면담, 초기 단계, 중기 단계, 종결 단계, 추후 단계 등을 다룬다. 또한 사례회의를 실시하여 미술치료사의 역량을 강화하고 슈퍼비전을 통해 발전적인 미술치료사로 나아갈 수 있도록 한다.

제5장은 미술심리치료의 진단에 대해 소개하고 있다. 그림을 통한 진단은 임상치료에 많이 사용되고 있으며, 꾸준히 개발되어 오고 있다. 이 책에서는 일반적으로 널리 사용되고 있는 대표적인 그림검사들을 소개한다. 집－나무－사람, 동적 가족화, 빗속의 사람, 동그라미 중심 가족화, 동적 학교생활화, 풍경 구성법 등을 다루었다.

제6장은 미술심리치료 기법에 대한 실제 활용 방법을 제시하고 있다. 개인미술치료와 집단미술치료, 대상별로 나누어 초기 단계, 중기 단계, 종결 단계 실제를 소개한다. 개인, 집단 난화 그리기, 손으로 그리기, 습자지 · 신체 꾸미기, 색소금 · 가면 · 석고 손 · 섬 만들기 등 임상현장에서 실시할 수 있도록 구체적으로 설명하였다.

제7장은 미술심리치료사의 전문가로서의 윤리와 자세에 대해 다루었다. 미술치료에서 치료사는 내담자의 안내자, 내담자의 성찰을 돕는 촉진자, 내담자의 성장 과정을 함께하는 동반자라고 할 수 있다. 미술심리치료사들은 치료사로서의 전문적 자질을 갖추기 위하여 끊임없이 자기성찰을 하고 임상감독과 전문적인 교육을 통해 인간에 대한 심층적 이해와 관련 지식에 대한 탐구가 이루어져

야 한다.

부록은 주요 그림검사 해석기준과 질문지, 치료현장에서 사용하는 상담동의서, 초기 면담지, 상담일지, 사례 기록지와 동물 그림, 어항 그림, 동그라미 그림 등을 활용할 수 있도록 수록하였다.

미술치료 공부를 시작한 지 10년이 지나서 박사학위를 취득하고 뜻깊은 마음으로 이 책을 준비하였지만, 막상 책을 출판하려고 하니 부족하고 아쉬운 점이 많다. 이 책이 더욱 좋은 책이 될 수 있도록 미술치료에 관심이 있는 많은 분들과 미술치료를 전공하는 학생들에게 실제 임상현장에서 사용되기를 기대한다.

이 책을 출판할 수 있게 힘이 되어주시고, 항상 격려를 아끼지 않는 부모님과 가족에게 고마움을 전합니다. 또한 이 책의 출판을 위해서 미술치료 교육과정에 참여하신 분들과 책을 지필할 수 있도록 큰 힘이 되어주신 선배 박사님, 한국미술치료학회 교수님들께 감사드립니다.

끝으로, 이 책이 출판되기까지 도움을 주신 공동체 김동훈 사장님을 비롯한 편집위원 여러분들께 진심으로 감사를 드립니다.

2025년 1월 일산 연구소에서

정유진

차 례

Chapter 1 미술심리치료

Chapter 2 미술심리치료의 이론

Chapter 3 미술심리치료의 대상

Chapter 4 미술심리치료의 과정

Chapter 5 미술심리치료의 진단

Chapter 6 미술심리치료의 기법

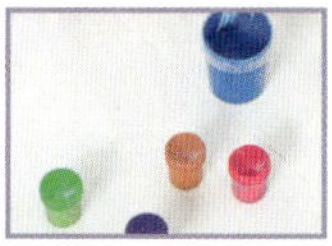

Chapter 1

미술심리치료

Chapter

1 미술심리치료

1 미술치료의 이해

내담자의 마음을 읽고, 마음이 심리정서적으로 진정되도록 도우며, 내담자 스스로 마음을 알아차리고, 문제를 느끼도록 도와주는 미술심리치료

1) 미술치료의 개념

미술치료는 심리치료의 한 유형이며 누구나 사용하기 쉽도록 연구된 분야이다. 심리적 어려움을 가진 내담자와 상담을 할 때 내담자의 심리 상태에 따라서 언어적 상담만으로는 상담하기 어려운 경우가 있다.

미술치료는 상담 중에 내담자의 상태를 살피며, 여러 가지 미술을 통한 창작활동을 제시하여 내담자의 마음을 진솔하게 읽고, 내담자의 마음이 심리 · 정서적으로 진정되도록 도우며, 내담자가 자신의 마음을 스스로 알아차리고 문제를 느끼도록 도와주는 것이다.

내담자의 객관적이고 의식적이며, 주관적인 서술로는 내담자를 파악하기에 어려움이 있다. 미술치료는 자신을 억압하는 무의식을 탐구해 가면서 치료해 나가는 효과적인 심리치료이다.

미술치료의 궁극적인 목적은 심신의 어려움과 정서적 고통을 지닌 사람들을 대상으로 그림이나 조소, 디자인기법 등의 미술활동을 통해서 내담자들의 심리상태를 파악하고, 진단하여 문제점을 느끼도록 도와주며 심리와 정서적인 치료를 하는 데 있다.

2) 미술치료에 대한 견해

- 치료에 중점을 두는 나움버그(Naumburg)의 견해
- 창조적 미술활동을 중시하는 크레이머(Kramer)의 견해
- 치료와 창조적 미술활동의 통합적인 울만(Ulman)의 견해

미술치료라는 용어는 『Bulletin of Art Theraphy』의 창간호에서 편집자인 울만(Ulman, 1961)이 처음으로 사용하였다.

미술치료는 정신치료, 재활, 교육 등 다양한 분야에서 널리 사용할 수 있으며, 어떤 영역에서 사용하고 있든지 간에 공통된 미술치료의 의미는 시각 예술이라는 수단을 이용하여 인격의 통합 혹은 재통합을 위한 시도이다.

나움버그(Naumburg), 크레이머(Kramer), 울만(Ulman) 등 미술치료를 연구해 온 여러 연구자들은 미술치료 이론에 대한 견해를 제시하였다.

(1) 치료를 중심으로 한 나움버그(Naumburg)의 견해(Art in Theraphy, 치료에서의 미술)

치료과정의 도구로 미술의 상징성을 통한 치료사의 해석

나움버그(Naumburg)는 1890년 뉴욕에서 태어나 성장하였고, 교육자였으나 후에 심리학과 정신분석학을 공부하면서 치료사로 알려졌다. 그녀는 1920년에 뉴욕의 월든 학교에서 미술교육의 하나의 방식으로 '자발적으로 그리는 그림'을 도입하였고 이를 미술치료 기법으로 개발하였다.

미술치료 분야의 개척자인 나움비그는 정신분석학자인 프로이트(Freud)의 정신분석 이론을 바탕으로 내담자들로 하여금 자유연상적 그림을 그리도록 하여 미술을 치료과정에 쓰이는 도구로 보았으며, 그림의 상징성을 통한 치료사의 해석을 목표로 하였다. 이는 현재 미술치료라는 이름으로 보편적인 방법이 되었다.

정신분석 지향적인 나움버그의 미술치료에서는 치료사와 환자 사이의 치료적 관계 형성, 투사와 승화, 자발적 그림표현과 해석 그리고 그림의 상징성 등을 중요시하여, 내담자의 무의식이 그림에 투사됨으로써 자신을 직접적인 언어로 표현할 때보다 자기검열 기능을 약화시키는 역할을 하여 치료를 촉진한다고 보았다.

(2) 미술을 중심으로 한 크레이머(Kramer)의 견해(Art as Therapy, 치료로서의 미술, 창조와 자아성장)

욕구와 부정적 감정 분출을 통한 승화와
심리적 문제 감소를 도와주는 미술치료

크레이머(Kramer)는 나움버그의 뒤를 잇지만 그와 다른 이론적 견해를 가지고 있었다. 크레이머는 정신분석이론을 배경으로 하였으나 나움버그와는 달리 미술에서의 상징을 해석하기보다는 내담자의 미술활동과 창조적 행위 자체에 치료적 가치를 두었다. 미술치료사의 역할은 내담자에 대한 해석이 아니고 내담자의 욕구와 부정적 감정을 통합하여 승화할 수 있도록 도와주는 것이라고 주장하였다.

아동 미술치료 연구를 통해 크레이머는 나움버그의 정신분석을 지향한 미술치료 견해와 다른 이론을 세움으로써 현대 미술치료의 기반이 되었다.

크레이머는 미술치료가 내담자에게 진단을 목표로 한 도구가 아니라, 미술을 통한 창작활동과 그 과정에서 표현되는 자기 그 자체로 승화작용을 하며, 창작활동을 통해 표출되는 억제된 자신의 무의식 분출로 인해 정서적 · 심리적 문제가 감소되면서 건강한 에너지로 전환된다고 주장하였다.

또한 미술치료는 창작활동을 통해 자신의 갈등을 해결하려는 능력과 통합할 능력을 키우는 데 도움이 될 수 있다고 하였는데, 미술치료사의 입장은 내담자를 진단하는 역할이 아니라 내담자 스스로를 통합하여 승화시킬 능력을 갖출 수 있도록 도와주는 것이라고 주장하였다.

(3) 치료와 미술활동의 통합을 중심으로 한 울만(Ulman)의 견해(Therapy and Creativity, 치료와 창조)

미술치료와 치료로서의 미술은 같은 시점, 같은 공간의 두 측면 또는 다른 시점에 같은 치료사가 하는 일

나움버그와 크레이머의 두 가지 접근법은 울만(Ulman)을 통해 통합된 견해가 제시되었다. 울만은 미술과 치료의 두 가지 측면 모두를 중요시한다. '미술치료'와 치료로서의 미술'은 같은 시점과 공간에 있는 두 측면이거나 또는 다른 시점에 같은 치료사가 하는 일과 같다고 하였다.

내담자의 작품이 예술이냐 아니냐를 논하기보다는 내담자의 대상에 따라 강박적인 표현이나 특정한 표현도 허용히어야 하고, 내담자의 예술적 성취감을 중시해야 한다. 미술치료는 치료 측면과 창조 측면을 모두 포함하고 있으며, 통합적이고 절충적인 미술치료의 접근법을 통하여 미술치료의 확립과 발전적인 역할을 하였다.

미술치료는 자신의 성장배경, 학문적 체계, 종교관에 따라서 선호하는 치료기법을 발전시켰다. 미술치료는 심리치료의 이론을 바탕으로 하여 인간의 미술활동을 통해서 개인의 갈등을 조절하고, 자기표현과 승화작용을 통해서 자아성장을 촉진시킬 수 있다. 또한 자발적인 미술활동을 통해서 내담자의 내면세계와 외부관계의 조화를 이룰 수 있도록 도와준다.

미술치료 기법은 미술치료사의 심리학적 접근과 소양이 기본적으로 필요하다. 미술치료사들은 인간이 표출하는 본능적인 미술표현과 미술치료 과정에서 내면에 있는 심리학적 해석을 찾아내어 내담자가 정서적으로 이해할 수 있도록 도와주고 중재하는 것이다.

심리치료사들은 내담자의 자유로운 감정표현 및 합리적 이해를 공유하지만, 미술치료사는 내담자 스스로 참여한 작품으로 미술작품이 시간대별로 어떻게 변화되어 왔는지에 대해서 직면할 수 있기 때문에 내담자의 감정 변화와 역동을 더욱 잘 이해하게 된다.

3) 미술치료의 장점

미술치료는 심상(image)의 표현이다.
미술치료는 비언어적 수단이므로 통제를 적게 받는다.
미술치료는 구체적인 자료를 시각화할 수 있다.
미술치료는 자료의 지속성이 있다.
미술치료는 공간성을 지닌다.
미술치료는 창조성과 신체적 에너지를 유발한다.

미술치료를 왜(WHY) 할 것이며 무엇(WHAT)을 제공해야 할 것인가에 대한 논의와 제한점은 있지만, 미술치료는 심리치료의 한 방법으로서 독특한 이점을 가지고 있다. 미술치료의 장점을 몇 가지 요약하면 다음과 같다.

첫째, 미술치료는 심상(image)의 표현이다.

인간은 언어적인 표현을 하기 전에 가슴으로 느끼고 머리로 생각한다. 이는 심상은 사고와 연결되어 있다는 방증으로, 웨드슨(Wadeson)은 '우리는 심상(image)으로 생각한다'고 하였다. 인간의 생의 초기 경험은 중요한 심상의 요소가 되며, 그 심상이 성격형성에 매우 중요한 역할을 하게 된다.

미술치료는 언어적 표현보다 꿈이나 환상, 경험의 순수한 심상으로 그려진다. 이는 인간의 사고가 무의식적인 방어를 거치지 않은 상태, 즉 심상으로 표현되는 것을 의미하며 방어가 감소된 매체는 일차적 과정의 매체를 자극하는, 즉 심상의 표출을 자극하여 창조적 과정으로 나아가게 한다. 미술치료에서 심상의 표현은 우리에게 새로운 인식을 만들어 통찰과 학습, 성장을 유도한다.

둘째, 미술치료는 비언어적 수단이므로 통제를 적게 받는다.

심상과 밀접한 관련이 있는 것이 심리적 방어이다. 인간은 어떤 다른 의사소통 양식보다 언어적 표현을 통한 의사소통에 숙달되어 있다. 상담과 심리치료는 언어적 의사소통을 통해 치료적 요소를 끌어내지만 미술치료는 비언어적인 의사소통으로 말을 제대로 하지 못하는 어린아이들이나 장애인, 언어표현이 어려운 문제에 직면한 내담자의 경우 효과적이다.

미술치료는 다양한 매체를 이용한 비언어적 표현이므로 내담자가 편안한 마음을 가져 치료에 대한 거부감이 적어지고, 이를 통해 내담자의 무의식적 내면세계를 이해할 수 있으며, 내면의 무의식 속 방어기제는 내담자의 통찰, 학습, 성장으로 유도된다.

셋째, 미술치료는 구체적인 자료를 시각화할 수 있다.

사람은 누구나 생의 초기 그림 또는 낙서와 같은 활동을 경험한다. 살아가며 이와 같은 활동을 중지했더라도 무의식 속에 내재된 기억은 쉽게 이러한 활동을 활성화한다. 즉, 눈으로 볼 수 있고 만져볼 수 있는 시각적인 자료가 생산되는 것이다.

미술치료는 내담자가 경험이나 기억으로 만든 어떤 유형의 작품을 통해서 미술치료사와 내담자 사이를 연결하게 된다. 저항적인 내담자의 경우는 직접 다루는 것보다 그들의 그림을 통해 소통하는 것이 더 쉽다고 할 수 있고, 내담자는 자신의 감정이나 사고 등이 그림이나 조소와 같은 하나의 사물(대상)로 구체화되기 때문에 자신도 모르게 자신이 만든 작품을 보고 개인의 실존을 깨닫게 된다.

넷째, 미술치료는 자료의 지속성이 있다.

미술작품은 장기간 보관이 가능하므로 내담자의 미술작품을 필요할 때 꺼내어 재검토하여 치료효과를 높일 수 있다. 미술치료는 자신의 감정을 회상하게도 하고, 이전에 만든 작품을 다시 보면서 새로운 통찰을 불러일으키기도 한다. 또한 주관적인 기억의 왜곡을 방지할 수 있고, 내담자의 작품활동을 통해 치료과정을 한눈에 파악하고 이해할 수 있다.

다섯째, 미술치료는 공간성을 지닌다.

언어와 행위는 시간성을 가지며 이후 그것을 돌아보기 어려운 반면, 미술은 시간적인 요소를 배제하더라도 공간성을 가지고 있어 우리의 공간, 생활과 밀접한 연관이 발생한다. 미술치료는 정면만 보는 것이 아니라 옆면과 뒷면도 보아 내담자의 다차원적인 사고를 촉진하고 자신의 문제를 다차원적으로 보게 함으로써 여러 대안을 마련할 계기를 준다.

여섯째, 미술치료는 창조성과 신체적 에너지를 유발한다.

미술작업을 진행하고, 토론하며, 감상하고, 정리하는 시간을 거치면서 미술작업을 시작하기 전 개인의 신체적 에너지는 활기찬 모습을 띠고, 체내 에너지가 변화한다는 것을 느낄 수 있다.

내담자들이 미술작업을 하고 토론과 감상, 정리를 하는 과정에서 활기를 띠는 모습은 대부분 신체적 운동보다 내적 에너지를 발산하는 것으로 창조적 에너지의 발산을 경험하게 된다.

2 미술치료의 적용

미술치료 적용에 있어서 중요한 세 가지 요소는 환경적 요인인 미술치료실, 유형별 미술치료 과정과 미술치료의 매체이다.

1) 미술치료실

미술작업을 위한 치료실은 충분한 채광, 적당히 넓은 공간, 미술도구 등을 갖추면 된다. 조용하고 비밀을 유지할 수 있으면 더욱 바람직하다. 또한 편안한 공간, 독립성, 쾌적한 환경, 안정감 등을 고려하여야 한다.

미술치료실을 설치할 때는 다음과 같은 사항을 고려하여야 한다.

- 미술치료실은 아동에게 특별한 공간이어야 한다.
- 편안한 공간조성으로 자유로운 치유의 공간으로 활용되도록 한다.
- 아동이 독립적으로 사용할 수 있도록 최대한 간섭이 배제되어야 한다.
- 쾌적한 환경을 위한 조명과 적당한 온도를 유지하여야 한다.
- 공간의 안정감을 위해 미술재료들은 정돈되어야 한다.

미술치료에서 고려할 점은 미술작품을 만드는 사람과 미술작품 사이의 물리적 연관성이다. 미술작품은 벽에 걸거나 기대어 세워두거나 땅바닥에 놓고 작품을 설명할 수 있다. 가능하면 내담자가 자기 작품에 가까이 접근하게 하여 그림과 내담자 사이의 연결을 강조하고, 미술작품을 통해 자아의 확장을 더욱 생생하게 경험하도록 한다.

2) 유형별 미술치료 과정

미술치료를 실시할 때 내담자의 증상, 요구, 내담자의 환경, 특히 가족관계의 영향, 치료사의 판단 등에 따라 접근방법을 달리 해야 한다. 유형별 미술치료 과정은 크게 개인미술치료, 집단미술치료, 가족미술치료로 나누어지며 각 유형의 장단점과 유의점을 이해하고 심리치료를 진행해야 한다.

(1) 개인미술치료

내담자와 일대일의 상담관계를 가지면서 하는 미술치료

개인미술치료는 상담과 심리치료의 의미를 가지면서 언어적 과정이 아닌 미술매체를 적용하여 작품을 창조하고 창조된 작품을 언어화하는 과정 속에서 학습과 자기성장의 변화와 정서문제의 해결이라는 목표를 가지고 있다.

상담과 심리치료

- 상담은 도움을 필요로 하는 전문적 훈련을 받은 상담자와 내담자와의 대면적 관계에서 생활과제의 해결과 사고, 행동 및 감정 측면의 인간적 성장을 위해 노력하는 학습과정이다.
- 심리치료는 심리적 증상을 제거, 수정, 완화하고 장애 행동을 조정하며 긍정적 성격발달을 증진시킬 목적으로 훈련된 사람이 환자와의 전문적인 관계를 의도적으로 형성하여 정서적 문제를 심리학적 방법으로 치료하는 것이다(Wolberg, 1977; 최외선 외, 2006)

개인미술치료는 상담과 심리치료가 갖는 목표를 향해 미술매체를 적용하여 실시하는 치료이다. 언어적 상담에서의 제한성이나 대상에서의 제한성을 극복할 수 있는 치료방법으로, 내담자가 미술작업을 통해 내면의 것을 적극적으로 표현할 수 있는 계기가 된다.

① 목표

- 창의력 개발과 자발성 함양
- 동기유발의 촉진, 개인성장
- 자유성(결정의 자유, 실험과 아이디어를 시험할 수 있는 자유)
- 정서표출(느낌, 감정, 갈등의 표출)
- 시각적 배열과 언어로써 경험을 배열
- 신뢰 형성, 자아확인, 잠재력 인식
- 통찰력, 자기인식, 투사
- 환상과 무의식의 작업
- 긴장완화

② 대상

미술치료는 연령이나 건강 상태의 정도에 관계없이 모든 대상에게 적용 가능하다.

- 심리적으로 저항하는 사람, 즉 말을 할 수 있어도 언어적 치료에 저항하는 사람
- 청소년, 성인 중 자신의 미술 능력을 불안해하거나 경계나 적개심이 있는 사람(유연한 미술작업)
- 말을 할 수 없거나 말을 하지 못하는 사람(자폐증, 청각장애, 지적장애, 뇌손상, 치매)
- 불치의 정신병을 가지고 있는 사람(Rubin, 1973)

③ 진행

문제의 제기 → 상담(치료)의 필요성에 대한 인식 → 촉진적 관계 형성 → 목표설정과 구조화 → 문제해결의 노력 → 지각과 합리적 사고의 촉진 → 실천행동의 계획 → 실천평가와 종결의 단계

④ 유의점

개인미술치료에서 가장 먼저 이루어져야 하는 작업은 치료사와의 라포 형성으로, 치료사와의 신뢰감과 친밀감이 형성된 후 아동은 스스로 자신의 문제에 접근하여 스스럼없이 치료사에게 자신의 생각이나 의견을 언어 또는 미술활동으로 표현하게 된다. 그 다음으로 치료사는 아동 개인의 문제요인을 좀 더 심도 있게 접근해야 한다. 이러한 목표가 달성되었을 때 아동의 상황에 따라 집단 구성원의 수를 점차 늘릴 수 있다.

(2) 집단미술치료

집단미술치료는 한 사람의 치료사가 동시에 몇 명의 내담자들을 상대로 각 내담자의 관심사, 대인관계, 사고 및 행동 양식의 변화를 가져오게 하려는 방법이다. 집단미술치료는 2명 이상의 구성원으로 이루어지는 진행방법으로 치료목표에 따라 구성원의 수를 조절할 수 있다.

① 목표

집단미술치료의 목표는 집단원들 스스로 자기이해와 대인관계 능력을 향상시키고 생활환경에 더욱 건전하게 적응할 수 있도록 하는 것이며, 이러한 목표를 달성하기 위하여 정서적인 차원에서의 개인 문제가 먼저 다루어진다.

집단미술치료는 공동 작품 활동을 통해 내면세계에 있는 인간의 감정을 자유롭게 표현하는 것과 동시에 카타르시스 효과를 가져오며 감정 교류의 조정 역할을 한다. 따라서 집단미술치료의 목적은 집단의 일원으로서 개인적 체험과 치료사와 집단원의 상호 간의 교류 가운데서 자기탐색과 자기통찰을 하는 데 있다. 또한 미술치료사는 이미지를 시각화하는 미술작품의 특수성을 통해 내담자의 정신세계를 좀 더 정확하게 파악할 수 있다.

② 장점과 단점

집단미술치료의 장점

- 집단작업은 사회학습을 적용할 수 있는 실제적인 상황과 같은 의미 있는

내용을 제공한다.

- 유사 욕구를 가진 내담자들이 상호 지지 제공과 문제해결에 도움을 줄 수 있다.
- 집단 구성원은 상호 피드백(feed－back)을 줄 수 있다.
- 집단작업을 통해 새로운 역할 모델링(roll－modeling)을 제공한다.
- 집단은 잠재된 능력들을 발휘하기 위한 촉매 역할을 한다.
- 집단작업에서 권한과 책임을 함께 나누기 때문에 민주적이다.
- 집단 구성원들에게는 집단작업이 개인작업보다 훨씬 만족스럽게 느껴진다.
- 동시에 다수의 집단원들에게 영향을 줄 수 있기 때문에 경제적이다.

집단미술치료의 단점

- 많은 사람들이 함께 있기 때문에 비밀보장이 어렵다.
- 조직화가 어렵다.
- 집단 구성원 각자에게 가질 수 있는 개별 관심도가 낮다.
- 집단원 중의 일부는 낙인현상이 나타날 수 있다.

③ 필요성

집단에 미술을 사용함으로써 집단활동이 향상될 수 있는 것은 다음과 같은 미술의 특성들 때문이다.

- 집단에 미술을 적용했을 때 집단원은 동시에 각자 수준에 따라 즐길 수 있다.

- 미술은 의사소통과 표현의 중요한 수단이다.
- 미술은 창작 능력을 개인과 집단에 함께 고양시킬 수 있다.
- 공상과 무의식을 다룰 때 개인과 집단에 유용하다.
- 개인과 집단이 함께 미술을 즐길 수 있고, 기쁨을 함께 공유할 수 있다.

④ 집단구성

집단미술치료에서 집단의 크기는 6~12명 정도의 구성원으로 이루어진다. 집단 구성원을 결정할 때 다음을 충족하는지 살펴보아야 한다.

- 모든 구성원들이 서로 시각적 · 언어적 소통이 가능해야 한다.
- 집단의 결속력이 성취될 수 있어야 한다.
- 집단 구성원 각자에게 시간을 적절히 배분하여 토론에 참여할 기회가 주어져야 한다.
- 상호 반응과 아이디어의 자유로운 분위기를 조성하고, 집단 과제를 완수할 만큼 충분한 인원이어야 한다.

⑤ 유의점

유의할 점은 아동들의 성향이 너무 다르거나 비슷하면 안 된다. 그 이유는 구성원이 모두 비슷한 동질성 집단은 표면적인 관계 이상으로 발전하기 어렵고 너무 다른 집단은 스스로 소외감을 조장하거나 서로 간의 공통성이 없어 비효율적이어서 문제를 일으키게 되는 경우가 많기 때문이다.

(3) 가족미술치료

① 개념

가족미술치료는 내담자가 자신의 문제이기보다는 가족의 문제라는 전제하에 가족 전체를 대상으로 실시하는 것이다. 가족미술치료사는 개인이나 집단의 형태보다 가족치료 장면에서 빠른 변화효과를 가져올 수 있고 변화의 지속시간이 길다는 특징으로 가족미술치료를 실시하게 된다.

가족미술치료는 1960년대에 접어들면서 정신의학 분야에 가족연구에 대한 새로운 경향으로 등장하였다. 가족 전체를 대상으로 한 역동적 가족상담 기법이 고안되면서, 퀴아트콥스카(Kwiatkowska), 나움버그(Naumburg), 스턴(Sternn), 미어즈(Meares), 크레이머(Kramer) 등에 의해 확립된 정신분석 미술치료의 연장으로 가족미술치료(FAT : Family Art Therapy)가 창안되었다.

가족미술치료는 다른 치료법과는 달리 가족 전원이 동시에 치료세션에 참가하여 언어를 개입시키지 않고 표현행동으로 미술과제를 수행하는 방법을 사용하였다. 즉, 참가자로 하여금 언어에 의한 표현이 강렬하게 나타나지 않도록 가족 간의 양가적 감정으로 혼란한 상태에 서서히 직면하도록 하는 통찰이 빠른 방법이다.

가족의 미술작업은 집단의 초자아 방어나 통제를 줄이고, 상호작용을 촉진하여 상징적인 이미지에 의해서 무의식적 감정을 표현시킨다. 그렇기 때문에 언어가 충분히 발달하지 않은 아동도 참가할 수 있고, 치료사도 함께 참가하여 직접 가족 내의 갈등을 관찰할 수 있다.

미술치료 과제들은 가족치료의 다양한 측면에 적용할 수 있다. 참여자의 초기 경험들을 해결하고 원가족을 탐색할 수 있으며, 과거와 현재의 생활사를 조사하고, 전의식적인 것들을 표면화시키며, 방어를 감소시키고, 통찰력을 얻고 정서적 경험, 원인과 결과를 이해하고, 심리적 거리를 관찰하고, 역기능적 행동형태를 지적하며, 부모됨과 문제해결 능력을 향상시키고, 갈등과 가족 구성원의 분화, 고통스럽거나 슬픈 일을 해결하는 것 등이다.

② 장점

가족미술치료는 개인에 대한 심리치료의 발전으로 가족치료의 중요성이 더욱 더 강하게 발전되었으며, 가족치료의 발전으로 인해 미술치료의 개념을 접목시킨 가족미술치료의 효과성 부분에 관심을 가지게 되었다.

가족미술치료의 장점은 다음과 같다.

- 개인치료는 오랜 기간 성격 탐색을 통하여 문제를 해결하고 변화를 가져오는 것인 데 비해 가족치료는 전 가족이 치료의 대상이 되므로 개인치료보다 단기간에 걸쳐 실시되는 것이 특징이다.
- 전체 가족이 변화되는 결과를 가져오며 변화가 지속된다. 개인과 모든 가족원이 변화하면서 역동적인 변화가 계속 상승작용을 하므로 관계개선이 오래 지속될 수 있다.
- 가족치료는 체계이론에 입각하여 관계문제에 관심을 두고 개인치료와는 대조되는 가정과 철학을 지닌다.

- 가족치료에서 미술과제를 실시하였을 때, 언어적인 과제보다 저항이 적다.
- 가족미술치료는 다른 언어적 상담보다 결과물을 통한 가족의 이해와 수용이 빠르며, 각 가족 구성원에 대한 이해와 자신에 대한 탐색이 깊게 이루어진다.
- 가족미술치료 상황에서 있었던 결과물을 통한 탐색과 이해가 오래 지속된다.

③ 가족미술치료사가 갖추어야 할 조건

가족미술치료는 앞서 언급한 바와 같이 개인치료와는 많은 차이점을 가지고 있다. 따라서 가족을 세션에 참여시켜 치료를 하려면 다음 사항에 대한 숙지와 올바른 이해가 전제되어야 한다.

- 가족에 대한 이해
- 가족생활주기에 대한 이해
- 한국 가족을 위한 가족치료 전략과 기술에 대한 이해

• 가족에 대한 이해

가족이 가지고 있는 기능과 사회적 변화에 따른 기능변화, 가족의 유형, 가족원 간의 역할, 가족법에 대한 이해, 변화하고 있는 가족가치관, 최근 사회적 변화에 따른 한국 가족의 변화에 민감해야 한다.

- 가족생활주기에 대한 이해

가족생활주기란 결혼으로 가족을 형성하고 자녀의 출산으로 확대되며, 자녀들이 결혼하여 독립하게 되면서 축소하기 시작하고, 노부부가 사망함으로써 소멸하게 되는 가족의 변화과정이다. 가족생활주기는 개인적 측면에서는 자신의 삶을 계획해 볼 수 있으며, 가족적 측면에서는 가족의 변화에 따른 발달과업을 준비하고, 잠재된 문제와 취약점 등을 파악하고 예방할 수 있다는 점에서 중요하다(김양희, 1990).

개인과 가족의 어려움을 해결하는 데 있어 가족치료기법을 사용하는 치료사의 수가 증가하고는 있으나 가족생활주기와 가족치료 모델 및 기법에 대한 연구가 매우 부족하며, 실제 이러한 생활주기에 따른 임상적 문제를 살펴보고 그에 적합한 치료기법을 모색하는 것이 중요하다. 따라서 가족생활주기별 문제에 대한 대처와 발달과업에 따른 미술치료의 기법 모색이 중요함을 인식해야 한다.

- 한국 가족을 위한 가족치료 전략과 기술에 대한 이해

한국의 가족치료사들이 문화가치와 가족의 성향을 알고 이해하면 할수록 치료사들은 내담자와 문제를 더욱 잘 이해하고 효율적인 도움을 제공할 수 있다고 보고 있다. 해결중심 치료모델을 한국 가족에 적용하는 데 한국 가족치료 전략과 기술에 대한 중요성은 다음과 같다.

첫째, 개인보다는 가족 중심으로 목적을 설정한다는 것이다.

목표를 가족 중심으로 설정할 경우에 목표 성취과정에 가족들은 매우 협조적

이기 때문에 치료과정이 좀 더 용이하게 진행될 수 있고, 치료목표가 부부 자신보다 자녀와 관련된 것이라면 치료적 접근이 좀 더 용이하다.

둘째, 문제해결을 위해 '체면'과 '칭찬'을 활용하라는 것이다.

한국 문화를 '체면' 문화라고 하기도 한다. 한국인은 체면을 중요하게 생각하는 사람들일수록 다른 사람의 신뢰를 받고 존경을 받기 위해 노력을 한다. 치료사가 남편이나 아버지의 역할 수행에 대하여 인정과 칭찬을 하고, 치료에 참여하는 것이 가족과 자녀들에게 얼마나 중요한 것인지에 관하여 설명하고 협조를 요청하면 그들은 치료사들을 신뢰하기 시작하고 문제해결에 협조하게 된다(송성자, 1997).

셋째, 실질적인 해결방안으로서 메시지와 과제를 준다.

한국 가족은 가족치료 초기에 이야기 중심으로 하는 가족치료로 문제를 해결하는 것을 불안해한다. 치료사들은 내담자에게 문제해결과 메시지, 과제를 만들어 준다면 내담자가 가족치료에 좀 더 적극적으로 참여하고 협조하도록 하는 데 효과적이다.

넷째, 과거의 노력을 인정하고 성공적인 경험을 칭찬한다.

가족치료 과정에서 변화를 확인하는 것은 치료사뿐만 아니라 내담자에게도 매우 중요하다. 치료사가 구체적이며 실제적인 내용을 확인하기 시작하면 많은 것들이 변화했다는 것을 발견하게 된다.

치료사가 내담자의 겸손한 태도와 내적으로 인정받고자 하는 욕구를 파악한 이후 변화에 대하여 지적하고 인정과 칭찬을 하는 것은 문제해결의 목표를 성취하는 데 매우 효과적이다. 칭찬은 내담자가 문제해결을 위해 노력하여 온 것과 과거에 성공적으로 경험하였던 것을 인정하는 것이다(Berg & Miller, 1992; De Shazer, 1988).

가족미술치료는 내담자의 문제가 자신의 문제이기보다는 전 가족의 문제라는 전제하에 가족 전체를 대상으로 실시하는 미술치료이다.

가족미술치료상에 나타난 가족의 작품에 대한 올바른 이해와 가족들이 그린 미술작품들은 평가의 도구로서, 새로운 의사소통이며 변화를 위한 수단으로서의 가치를 가지고 있다.

3) 미술치료의 매체

미술치료사들은 내담자를 대상으로 다양한 미술매체를 사용할 수 있다. 미술치료매체는 그리고, 칠하고, 조립하고, 조형을 만드는 등 다양한 매체를 활용할 수 있다.

① 치료대상의 상태, 증상, 연령 등을 고려하여 매체 선택, 사용

심리적으로 위축된 치료대상에게 풀, 물감은 부드럽고 유연한 재료로 해방감을 줄 수 있으나, 산만한 성격의 치료대상의 경우 오히려 감정조절이 어려울 수도 있으며, 자폐증 대상은 접촉 자체를 싫어할 수도 있다. 미술작품은 개인의 자유연상이나 가족 혹은 집단 간의 의사소통 매개체이므로 크레용이나 파스텔, 붓 등의 비교적 간편한 매체가 적절할 것이다.

치료대상에 대한 치료시간의 구성 및 목적에 부합되도록 매체를 선택한다.

② 미술매체 선택에서 촉진과 통제를 중요하게 고려

내담자의 자발성을 촉진하기 위해서 충분한 작업공간, 다양한 색상과 충분한 크기의 종이, 점토 등 다양한 미술매체가 제공되어야 한다. 지나치게 많은 양의 매체도구는 치료대상을 질리게 할 수 있으므로 치료사는 치료대상에 따른 차별성을 인식하여 개인의 욕구에 민감하게 반응할 줄 알아야 한다. 또한 쉽게 찢어지는 신문지나 잘 부서지는 분필과 같은 좌절을 유발하는 매체의 선택은 지양해야 한다.

젖은 점토	수채화물감	부드러운 점토	오일파스텔	마커펜/굵은 것	콜라주	단단한 점토	마커펜/가는 것	색연필	연필
1	2	3	4	5	6	7	8	9	10

← 가장 낮게 통제 가장 높게 통제 →

[그림 1-1] 미술매체의 특성
출처 : Landgarten(1987).

③ 미술매체 특성에 따른 예측 효과를 고려하여 선택

미술매체의 특성에 따라 예측 효과를 고려하여 선택해야 한다. 예를 들면, 연필은 사용하기가 쉬운 편이지만 물감이나 점토는 사용에 있어서 사용법 숙지 등의 기술적인 문제가 있다. 물감을 마구 칠하는 행동은 심하게 억압되어 있는 아동에게 활기를 불어넣을 수도 있고, 겁에 질리게 할 수도 있다. 또한 미술매체를 적절한 시기에 바꿔주는 것이 타성에 빠져 있는 치료대상을 촉진시켜 줄 수 있다.

④ 미술작업의 본질적인 요소는 매체의 사용

미술작업에서 미술매체를 선택할 때 매체의 크기와 특성 등을 고려해야 한다. 미술작업 결과물에 대한 창조적 지능과는 별개로 미술매체는 부가적인 목적을 제공한다. 예를 들면, 미술매체는 내담자의 애정 상태를 강화시키거나 소멸시킬 수 있고, 자기표현의 자유에 영향을 줄 수 있으며, 왜곡된 방어에 영향을 미칠 수도 있다.

미술매체를 효과적으로 사용하기 위해서는 먼저 다양한 재료가 준비되어 있어야 하고, 잘 보관되어 있어야 한다. 치료사의 매체와 작품보관 상태는 치료대상의 자아존중감에 영향을 주기도 한다.

⑤ 미술치료사의 역할은 개인의 성장을 촉진시키는 것

미술치료에 있어서 치료대상의 의사를 존중하고 매체에 대한 흥미를 유발해 작품을 구성하는 과정에 즐거움을 줄 수 있도록 적극적으로 지지하며 개인의 정서적 성장을 촉진시킬 수 있다.

미술치료매체 활용 시 다음과 같은 사항을 유의해야 한다.

① 내담자가 선택하기 쉬워야 한다.
② 내담자의 욕구와 치료목표에 타당하고 적합한 재료이어야 한다.
③ 주변에서 구하기 쉽고 언제든지 사용할 수 있으며, 적은 경비로 구입할 수 있는 재료가 좋다.
④ 폐품을 활용한다.
⑤ 재료의 질이 좋아야 한다.
⑥ 변화를 주어야 한다.
⑦ 안전성과 청결함을 갖추어야 한다.
⑧ 내담자의 기술로 완성할 수 없는 것은 피한다.

Chapter 2

미술심리치료의 이론

1. 정신분석 미술치료
2. 인간중심 미술치료
3. 분석심리 미술치료
4. 게슈탈트 미술치료
5. 행동주의 미술치료

Chapter 2

미술심리치료의 이론

1 정신분석 미술치료

정신분석학에서는 인간들이 자신의 내면세계를 꿈, 그림 혹은 상상적 형태로 구체화하는 것에 많은 관심을 가졌으며, 이러한 정신분석 관점은 미술치료에 중요한 영향을 끼쳤다. 이 장에서는 정신분석 이론에서 바라보는 인간관과 기본적인 주요 개념을 이해하고 정신분석 이론이 미술치료와 어떻게 접목될 수 있는지를 살펴보고자 한다.

1) 인간관

인간 생의 초기 경험의 비합리적이고 무의식적인 동기가 행동 표현(Freud)

프로이트(Freud)에 따르면 인간의 행동은 인간 생의 초기 6년의 경험을 바탕으로 한 성적 상상, 비합리적이고 무의식적인 동기가 행동으로 표출되는 본능적 충동에 의해 결정된다.

본능(리비도)은 프로이트(Freud)의 정신분석적 접근의 핵심

프로이트 이론의 기본은 인간의 성적 본능으로, 초기에는 리비도(libido)를 성적 에너지로 보았으며, 이후 모든 삶의 본능적 에너지를 리비도라고 하여 리비도라는 용어의 의의를 확장시켰다. 리비도는 프로이트 이론의 핵심으로, 이 본능적 충동에 의해 행동 · 욕구 · 삶이 결정된다는 것이다.

정신분석적 관점에서 개인과 인류의 생존목적에 리비도가 기여하고, 이러한 본능은 성장, 발달, 창조성을 추구한다. 인간 또한 동물과 같은 원초적 본능과 죽음의 본능이 있어 충동을 제한하려는 인간이 충동을 금지하면 그 욕구는 자각의 영역에서 무의식의 영역으로 이동하지만 충동은 사라지지 않고 남아 정신적 질병과 정신질환을 일으킨다. 프로이트는 이것이 사회와 끊임없는 갈등을 일으킨다고 보았으며 이러한 본능은 생득적으로 나온다고 하였다.

2) 주요 개념

•성격의 구조 •의식과 무의식 •불안 •방어기제

(1) 성격의 구조

원초아(id), 자아(ego), 초자아(superego)

정신분석에서 성격은 원초아(id), 자아(ego), 초자아(superego)의 세 가지 영역으로 나누어져 있다. 원초아는 생물적인 구성요소이고, 자아는 심리적인 구성요소이며, 초자아는 사회적인 구성요소다.

인간이 태어날 때는 원초아로 이루어져 있으며, 원초아는 쾌락을 추구한다는 쾌락의 원칙에 의해 기능한다. 자아는 원초아와 초자아 그리고 현실과 환경 간에 균형을 유지하기 위해 현실의 원칙에 의해 기능한다. 초자아는 성격에서 완전함과 도덕성을 추구하는 기능으로 한 개인의 도덕적인 규범이다. 초자아의 주된 관심사는 선과 악, 옳고 그름이다.

자아와 초자아 그리고 원초아는 서로 협동하는 한 단위로 작용하여 사람의 기본적인 욕구를 충족시키고, 다른 사람과 만족스러운 관계를 이루도록 하며, 환경과 효과적으로 상호작용하도록 돕는다.

(2) 의식과 무의식

프로이트(Freud)는 무의식(unconscious)과 의식(conscious)의 수준에 대해 개념화하였는데, 무의식과 의식의 개념은 행동이나 성격의 문제를 이해하는 데 있어 핵심이 된다.

무의식은 사람이 인식하지 못하는 마음으로 모든 경험, 기억, 억압된 욕구들을 저장하고 있으면서 의식영역에서 사람들이 생각하고, 느끼고, 행동하는 것에 영향을 미치는 부분이다. 의식은 조금만 주의를 기울이면 알 수 있는 정신활동의 일부이다. 전의식은 즉각적으로 이용할 수는 없지만 노력하면 의식 수준으로 끌어낼 수 있는 사고와 감정이다.

(3) 불안

불안(anxiety)은 어떤 것을 하도록 동기화시키는 긴장 상태

불안(anxiety)은 어떤 것을 하도록 동기화시키는 긴장 상태를 말한다. 불안은 원초아와 초자아 간의 균형을 유지하려는 자아의 위기를 나타내는 것으로 원초아와 초자아 사이의 갈등이 정신 에너지의 통제를 넘어설 때 생긴다.

불안의 유형에는 도덕적 불안, 신경증적 불안, 현실적 불안 등이 있다.

- 도덕적 불안은 자신의 양심에서 생기는 두려움으로서 양심이 잘 발달된 사람은 자신의 도덕적 규칙에 위배되는 일을 할 때 죄책감을 느끼는 경향이 있다.

- 신경증적 불안은 본능이 통제되지 않아서 그로 인해 어떤 행동을 하게 됨으로써 처벌받지 않을까 하는 두려움에서 기인한다.
- 현실적 불안은 외부환경에서 오는 위험에 대한 두려움으로 불안의 정도는 실제 위험의 정도에 비례한다.

자아가 합리적이고 직접적인 방법으로 불안을 통제할 수 없을 때 자아는 비현실적인 방법, 즉 방어기제를 선택한다.

(4) 방어기제

방어기제는 사람이 무의식적으로 불안을 처리하려는 심리적 선택이다. 이성적인 방법으로 불안을 통제할 수 없을 때, 위기에 처한 자아를 스스로 보호하기 위해 무의식적으로 작동시키는 심리기제를 자아방어기제라고 한다(천성문 외, 2016). 방어기제는 개인의 정서적 발달 수준과 불안의 정도에 따라 다르며 성격구조 간의 내적 갈등이 발생할 때 방어기제를 사용하여 불안을 극복하고 자아가 불안에 압도되지 않도록 한다(Corey, 2008).

정신분석적 방어기제는 다음과 같다.

- 허세(show-off)

한국인 특유의 적응방식으로 실제의 자신보다 우월한 자아상을 겉으로 표현하는 것이다. 실속보다는 외양을 중요하게 여기며 남 앞에서 과시하는 행동이나 태도를 취한다.

• **반동형성**(reaction formation)

충동, 욕구, 용납될 수 없는 생각을 과도하게 억압한 후 그와는 정반대의 감정이나 행동을 겉으로 표현하는 것이다. 예를 들면, 반항성을 과도한 상냥함으로 은폐하거나 잔인성을 지나친 친절로 위장하는 경우 등이 있다. 반동형성에서 나타나는 감정표현이나 행동은 상황에 어울리지 않고 매우 과장되어 부자연스럽다는 특징이 있다.

• **동일시**(identification)

자신이 중요하다고 느끼거나 존경하는 대상의 힘을 내면화하여 일체감을 느끼는 것이다. 열등하다고 느끼는 사람들은 자신을 가치 있다고 느끼기 위해 동일시하려는 대상의 특징, 행동, 가치관을 모방하고 따라 하며 닮으려고 한다.

• **수동공격행동**(passive－aggressive behavior)

타인에 대해 숨겨진 분노감이나 공격적 감정을 의도적이고 감추어진 방식으로 간접적으로 표현하는 것이다. 수동적 · 저항적 공격행동은 의도된 실수, 꾸물거리기, 못 들은 척하기, 침묵, 반대로 행동하기, 고의로 잊어버리기, 무능한 척하기, 심술궂은 행동, 고집부리기, 비협조적 태도 등 다양한 방식으로 나타난다.

• **투사**(projection)

자신이 인정하고 싶지 않은 욕망이나 충동이 타인에게 속한 것이라고 지각하는 것이다. 즉, 내 안의 것을 인정하지 않고 타인에게 전가하거나 귀인하며 내 탓이 아니라 남 탓이라고 보는 것으로 오해, 책임전가, 현실왜곡이 나타나게 된다.

- 전이(displacement)

위협적인 대상에게 느끼는 충동, 욕구, 공포, 불안, 분노감 등을 직접 표현하지 못하고 좀 만만하거나 안전한 대리 대상에게 옮겨서 해소하는 것이다.

- 부정(denial)

받아들이기 힘든 현실의 고통이나 경험, 충격적인 상황을 인정하지 않고 거부하며 눈을 감아버림으로써 불안에 대처하는 방식이다.

- 통제(controlling)

주변 상황이나 사건, 대상을 조정하고 이용하여 자신의 내적 갈등이나 불안을 완화하려는 것이다. 그러므로 통제 방어기제를 과다하게 사용하는 사람은 주변의 일에 지나치게 간섭하거나 개입하고 타인의 행동을 조정하거나 선동하려는 태도를 보인다.

- 억제(suppression)

갈등이나 욕구가 다루어질 수 없는 상황일 경우 의식적으로나 반의식적으로 자신의 생각과 느낌을 보류시키고 눌러버리는 것이다.

- 왜곡(distortion)

내적인 욕구 충족을 위해 환상, 과대망상, 과장된 신념 등을 사용하여 현실에서의 상황을 왜곡시킨다.

- 예견(anticipation)

미래에 닥칠 걱정스러운 결과에 대한 불안에 대처하기 위해 미리 상황을 예견하여 계획하고 준비하며 현실적인 대안을 탐색하는 것이다.

- 합리화(rationalization)

스스로 용납할 수 없는 자신의 태도나 행동을 정당화시키거나 자신에게 느낀 실망감을 감소시키기 위해 타당한 이유를 만들어 변명함으로써 자신의 태도를 정당한 것으로 느껴지게 하는 것이다.

- 해리(dissociation)

해리는 정상적으로 통합되어야 하는 개인의 의식, 기억, 정체감, 환경에 대한 지각 등이 붕괴되어 경험한 내용이 의식에까지 이르지 못하게 된 상태이다. 즉, 고통스러운 사건이나 불안을 회피하기 위해 자신의 인격을 나누거나 제거하여 평소와 매우 다른 방식으로 행동을 하면서 자신을 보호하고, 죄책감에서 벗어나는 것이다.

- 신체화(somatization)

심리적 갈등이 신체증상으로 전환되어 나타나는 것으로, 생리학적인 이상이 없음에도 불구하고 신체적 고통을 반복적으로 나타내면서 갈등을 회피하려고 하는 것이다.

- 승화(sublimation)

사회적으로 바람직하고 생산적이며 용인된 방법으로 심리적 갈등을 해소하는 것이다. 예를 들면, 자신의 원초아적 욕구를 예술활동으로 표현하거나, 공격성을 운동이나 취미 등으로 표출하는 것이다.

- 행동화(acting out)

무의식적 욕구나 분노를 즉각적이고 충동적인 행동을 함으로써 감정을 발산하고 충족시키는 것으로 자신이 행동한 이후의 결과에 대해 미리 생각하지 않는다. 이때의 행동은 개인의 통제를 벗어난 충동 수준에서 일어나므로 부정적인 결과가 뒤따르게 된다.

- 이타주의(altruism)

타인을 돕거나 희생적인 봉사를 통해 대리적인 충족과 만족감을 얻는 것이다. 이는 타인의 반응이나 스스로의 감정적 충족을 통해 내적 욕구를 해소하는 경우이다.

- 퇴행(regression)

현재의 연령수준에 알맞은 방식으로 자신의 갈등을 해결하기보다는 이전의 발달 단계로 후퇴하여 미성숙하고 부적절한 행동으로 불안에 대처하려는 것이다.

- **유머**(humor)

타인이나 자신에게 불쾌감을 주지 않으면서 낙천적이고 여유로운 방식으로 문제를 해결하는 것이다. 성숙한 인격을 가지고 있고 자아강도가 강한 경우 유머 방어기제를 사용할 가능성이 높다.

- **회피**(evasion)

갈등이나 문제 상황으로부터 무조건 도피하려는 소극적인 행동으로 외적 상황에 순응하거나 문제해결을 체념하는 행동방식이다.

3) 정신분석 미술치료

(1) 치료목표

정신분석 미술치료는 내담자의 스스로 알아차림을 증진시키고, 행동에 대한 인지적 통찰을 얻게 하며 증상의 의미를 이해시키기 위해 사용된다. 치료과정은 내담자와의 대화에서 정화(catharsis)로, 정화에서 통찰로 그리고 통찰에서 무의식적인 문제를 들여다보면서 노력하는 과정을 통해 성격의 변화로 이끄는 일련의 인지적 · 정서적인 이해와 행동개선을 목표로 하는 것이다.

정신분석 미술치료는 프로이트를 중심으로 정신분석가들이 사용하는 자유연상, 꿈의 해석, 저항과 전이의 분석과 해석 등의 기법을 사용하는 것이고, 자유연상이나 꿈의 내용을 전달하는 데 있어서 그림이나 창조적 매체를 통해서 표현하도록 한다.

(2) 치료과정

첫째, 미술매체를 자유롭게 선택하여 그리고 싶은 것을 그리도록 한다.

미술치료사는 내담자가 미술매체를 자유롭게 선택하여 '그리고 싶은 것을 아무것이나 자유롭게 그리도록' 한다. 자유연상에서와 같이 비구조적이고 개방적인 접근으로써 내담자를 심리적으로 괴롭히는 사항을 표현하도록 도와주는 기법이다(Rubin, 1973). 내담자가 작품활동 전 · 후 자발적으로 말을 하는 동안 치료사는 경청하면서 말을 최소한으로 하여 내담자가 사고를 언어화하는 흐름과 자료를 찾아내는 과정을 사용한다.

둘째, 내담자가 자발적으로 지적하는 말들을 경청하고 행동을 관찰한다.

미술치료사는 질문은 미술작품에 관련된 특정한 연상에 관한 사항을 중점적으로 하고, 질문을 통해 미술작품에서 의미를 발견하여 정신분석적 진단의 윤곽을 생각한다.

미술치료 의뢰 이유, 생활사 그리고 가능한 환경적 스트레스 요인들이 이에 해당한다.

셋째, 내담자의 미해결된 갈등과 반복하는 기제를 찾는다.

정신분석적 이해는 불안, 우울과 같은 외적인 사실뿐만 아니라 내담자의 발달적 수준과 내담자의 내적 상황의 사정(assessment), 뚜렷한 고착과 퇴행의 사정도 포함한다. 미해결된 갈등이 대부분의 신경증의 원인이므로 갈등의 잠재적 원천도 조사한다. 갈등은 외적인 것(대인관계), 내적인 것(양가감정) 또는 구조적인 것(원초아, 자아, 초자아) 등 반복하는 기제를 찾는다.

넷째, 내담자의 좌절감, 내성 정도, 승화 능력, 불안에 대한 전반적인 태도 및 일반적인 발전적 힘과 퇴행 경향성 등을 면밀히 사정한다.

정신분석치료의 가능성을 결정하기 위하여 내담자의 좌절감, 내성 정도, 승화 능력, 불안에 대한 전반적인 태도 및 일반적인 발전적 힘과 퇴행 경향성 등도 면밀히 사정하여야 한다. 치료자는 내담자가 발달과정상으로 보아 어느 시점, 어떤 상황에 갇혀 있는지(고착)와 방어대상(두려워하는 충동)에 관한 단서 및 방어기제를 알고 다루는 것이다.

2 인간중심 미술치료

인간중심 치료는 정신분석에 대한 대응으로 발전한 심리치료 이론으로, 내담자들의 과거보다는 현재를 중요시하며 치료사의 내담자에 대한 무조건적인 지지와 배려, 공감적인 감정이입 등으로 인간의 전인적 성장을 위한 접근을 시도한다. 인간중심 미술치료는 미술매체를 통하여 자아실현으로 나아가게 하는 것으로 인본주의 철학 이론과 실제에 바탕을 두고 있다.

1) 인간관

인간중심적 심리치료는 1940년대에 로저스(Rogers)에 의해 개발되었다. 로저스는 개인치료의 지시적이고 정신분석적 접근법에 대한 대응으로 1940년대에 비지시적 심리상담 및 치료로 알려진 상담기법을 개발하였다. 그의 이론은 1950년대에 내담자중심 심리치료로 1970~1980년대에는 인간중심적 치료로 발전하였다.

인간중심적 치료는 인간의 자기실현을 전제로 하는데, 인간은 자기실현을 위해 움직이며, 그것을 통해 의미를 찾을 수 있는 잠재력을 가지고 있다는 전제에서 출발하였다. 인간중심 치료의 기본 가정은 인간은 본질적으로 신뢰성이 있고, 치료사의 직접적인 지시가 없어도 자신과 자신의 문제를 이해할 수 있는 잠재적인 능력을 충분히 가지고 있으므로 치료관계에 참여하게 되면 자기 지시적으로 성장할 수 있는 가능성이 있다는 것이다. 특히 치료사의 태도와 성격 특성을 강조하였는데, 내담자와 치료사 관계의 질이 치료결과의 중요 결정요인이라고 강조하였다.

인간중심적 심리치료는 경험적이고 관계 지향적으로 치료사와 내담자의 관계는 평등하다. 치료사와 내담자는 지금-여기의 경험에 초점을 맞추며, 치료사는 내담자가 충분히 표현할 수 있도록 자유롭고 안정된 분위기를 제공하여 자신의 내면을 경험하게 하고, 공감과 수용적인 태도로 내담자의 성장을 촉진하는 관계의 질적 측면의 중요성을 강조한다.

인간중심 치료에서는 내담자가 자신의 주관적 경험과 긍정적 · 발전적인 의식으로 스스로 선택할 수 있는 능력을 지녔다고 믿는다. 또한 인간은 모두 자신의 내면에 자기실현 능력과 본질을 가지고 있으며 내면의 의미를 발견함으로써 불안을 줄일 수 있다고 본다. 인간중심적 치료에서 내담자에 대한 믿음은 다음과 같다(Thompson & Rudolph, 2000).

- 인간은 자신의 권리에 대해서 가치와 존엄성이 있고, 존중받을 가치가 있다.
- 인간은 자기를 지시할 능력과 권리가 있고 현명한 판단을 내린다.
- 인간은 자기 자신의 가치를 선택할 수 있다.
- 인간은 책임감을 발전적으로 사용하는 법을 배울 수 있다.
- 인간은 자신의 감정, 사고, 행동을 다룰 수 있는 능력이 있다.
- 인간은 충실하고 만족한 삶을 위해 발전적인 변화와 자아실현의 잠재력이 있다.

2) 주요 개념

인간중심적 접근법에서 치료사의 역할은 치료사의 존재양식과 태도에 있다. 가장 중요한 점은 치료사는 내담자와 진실한 관계를 맺어야 한다는 것이다. 치료관계의 핵심을 이루는 치료사의 태도는 진실성, 무조건적인 긍정적 존중, 공감적 이해, 적극적 경청이다.

(1) 진실성

치료사를 완전히 신뢰할 수 있다는 뜻으로 치료사가 자기정체감을 유지할 수 있고 이러한 정체성을 내담자들에게 전달할 수 있다는 것을 의미한다.

인간중심 접근법은 비조작적이며 진실한 인간관계의 가치와 의미 있는 의사소통이 방해될 때 정직한 피드백의 잠재적 가치를 강조한다. 치료사와 내담자와의 관계가 일치할 때 치료는 진전될 수 있다.

(2) 무조건적인 긍정적 존중

내담자를 감정이나 생각, 행위의 좋고 나쁨의 평가나 판단 없이 하나의 인격체로서 깊고 신실하게 돌보는 것이다. 치료사가 내담자를 '나는 당신을 있는 그대로 받아들이겠다'라는 태도로 무조건적이고 긍정적으로 존중하고 내면 잠재력을 갖추고 있는 하나의 인격체로 수용한다는 것을 뜻한다.

(3) 공감적 이해

치료사가 내담자의 경험과 감정을 인지하고 이해하는 것이다. 치료사는 내담자의 주관적인 경험을 이해하도록 노력한다. 이렇게 함으로써 내담자가 자신에게 가까이 다가가게 하고 내담자의 내부에 존재하는 불일치성을 인식하여 해결하도록 격려한다. 공감은 내담자를 더 깊이 있고 주관적으로 이해하는 것으로 내담자와의 일체감이다.

(4) 적극적 경청

치료사는 인간으로서 내담자에게 다가가야 한다. 로저스는 특정 기법을 강조하지 않고 자신의 솔직한 표현 그 자체가 바로 기법이라고 주장한다.

인간중심적 치료에서 촉진적인 차원의 기법은 관심 기울이기, 관찰하기, 경청하기 등이 있고, 주도적인 차원의 기법에는 반응, 경청해 주기와 같은 것이 있다.

치료사의 경청, 수용, 존중, 명료화, 반응하기, 자기개방 등은 내담자의 행동변화를 촉진시킨다.

3) 인간중심 미술치료

(1) 치료목표

인간중심적 치료의 목표는 사람들이 자율적이고 자발적이며 자신감을 가지도록 도와주는 것이다. 내담자가 가진 문제에 관심을 두기보다는 내담자의 존재

그 자체에 초점을 둔다. 로저스(Rogers, 1977)는 단순히 문제를 해결하는 것이 아니라 내담자들의 성장과정을 도움으로써 그들이 현재 가지고 있는 문제 그리고 미래에 부딪히게 될 문제들에 잘 대처할 수 있도록 돕는 것이 인간중심 치료의 목적이라 하였다.

편안한 분위기에서의 치료과정을 통해 인간중심 치료에서 제시하는 바람직한 인간상은 경험에 대해 개방적이고, 자신을 신뢰하며, 자신을 내적 기준에서 평가하고, 성장을 계속하려는 자기 실현화를 이루는 사람이다. 이러한 특성을 이룰 수 있도록 격려하는 것이 치료의 기본목표이다.

(2) 치료과정

내담자의 능동적인 참여, 스스로 결정하고 선택하는 권리를 경험

인간중심 미술치료는 내담자의 능동적인 참여를 위해, 치료장면에서도 스스로 결정하고 선택하는 권리가 있다는 것을 경험하게 한다.

미술작업 매체의 선택이나 표현에 있어서 내담자 스스로 용지나 매체를 선택하게 하고 자유롭게 표현하도록 하며, 작품에 대한 상징과 해석에서도 일반화된 상징해석으로 내담자를 해석하는 것을 피하고 내담자가 활동을 한 후에 대화를 통하여 상징을 반영하는 분위기를 제공한다(정여주, 2005).

이러한 측면에서 내담자가 자신을 충분히 표현할 수 있도록 긍정적이고 안전한 분위기를 제공하며, 치료사는 내담자를 공감하면서 내담자 스스로 힘을 키워 나갈 수 있도록 수용적인 관계를 조성하는 것이 중요하다.

치료사는 미술작품의 결과에 치중하지 말고 작품을 만들어 가는 과정 하나하나에 관심을 가져야 한다. 미술작업 과정에서 미술치료사는 미술매체의 종류와 종이의 크기 선택, 내담자의 표정, 몸짓, 그림을 그릴 때의 망설임, 지우고 다시 그리기, 덧칠하기, 필압 등의 비음성적 메시지 전달에 관심을 집중하여야 한다. 이것이 미술치료사의 적극적 경청의 태도라 할 수 있다.

미술치료사와 내담자 간의 상호작용을 높이는 미술작업은 치료사의 진실성과 내담자에 대한 무조건적 존중 그리고 공감적 이해가 내담자에게 더 효율적으로 전달되게 하는 중간 가교 역할을 하게 된다. 그러므로 치료사는 내담자의 미술작업을 지지하고 그 작품을 소중하게 존중하는 태도로 자존감을 가지게 하고 더 높은 승화 수준을 성취하도록 도와주어야 한다(공마리아 외, 2004).

3 분석심리 미술치료

1) 인간관

융(Jung)은 인간은 단지 과거 사건에 의해서 만들어지기만 하는 것이 아니라 과거를 넘어 진보할 수 있다고 주장한다. 인간은 태어날 때 본연의 성질을 가지고 있으며 기질과 함께 환경적 영향을 받으며 살아간다. 중년 즈음이면 자신을 찾고자 하는 열망에 본연의 모습을 추구하게 되는데, 이러한 일련의 과정을 개성화 과정이라 정의하였다.

분석심리 인간관은 인간의 본성인 자신을 찾아가는 과정에서 조화롭고, 완전한 수준을 위하여 무의식을 의식화하려고 노력한다.

2) 주요 개념

(1) 개인 무의식

사람이 세상에 태어나서 자라는 동안 겪는 개인의 내적 · 외적 경험 중 기억해 낼 수 없는 것이다.

(2) 집단 무의식

인간이면 누구에게나 보편적으로 존재하는 것이다. 이것은 종교, 인종, 국가, 지역 간의 공감대를 형성하는 것으로 '조상 대대로 내려오는 경험의 저장고'라고 한다.

(3) 페르소나

사람의 페르소나(persona)는 사회적 상황과 사회적 인습의 요구에 부응해서 사용되는 가면이다. 페르소나는 사회가 부과하는 역할이며 사회가 개인에게 기대하는 배역이다.

(4) 아니마와 아니무스

인간은 여성적인 특징과 남성적인 특징의 양면을 가지고 있다. 남성의 여성적인 면이 아니마(anima)이며 여성의 남성적인 면이 아니무스(animus)이다.

(5) 그림자

의식의 바로 뒤에 있으나 자아가 통제할 수 없는 것으로 사람에게 있어서 자기 자신을 바라보고 싶어 하지 않는 부정적인 측면, 즉 자신의 어두운 면을 의미한다. 이것은 가장 깊은 뿌리이며, 원형들 중에서 가장 위험하고 강하다.

(6) 원형

원형은 집단 무의식의 내용으로 인간의 가장 원초적인 행동유형이다. 이것은 신화를 산출하는 그릇이며 우리 마음속의 종교적 원천이다.

3) 분석심리 미술치료

(1) 치료목표

인간 고유의 치유적인 힘으로 의식을 변화시키고 정신의 전체성 회복

분석심리학적 미술치료는 인간 정신이 가지고 있는 고유한 특성인 치유적인 힘을 발휘하여 의식을 변화시키고 정신의 전체성을 회복하도록 하는 것이다.

미술작업을 통해 심상을 시각적으로 형상화하는 과정은 무의식의 창조적 기능을 활성화시키며 자기치유력이 반영되어 궁극적으로 인격의 변화가 일어나도록 돕는다.

미술작업 과정 속에서 무의식의 조절력을 체험하는 것은 정신 내면이 조화와 균형을 이루어 가는 과정이며 스스로 치유해 낼 수 있는 힘이 있음을 확인하는 과정이고, 내담자로 하여금 작업에 표현된 무의식의 상징적 의미를 깨닫고 통찰을 통해 현실에 적응하도록 돕는 것이다(이유경, 2005).

(2) 치료과정

상상과 꿈은 개인의 무의식 내용 투사, 그림으로 상징적으로 표현(Jung)

분석심리에서는 인간의 모습을 끊임없이 변화하고 노력하는 과정을 개성화 과정이라고 하였는데, 개성화 과정에서 필요한 요소들을 연금술의 요소들로 비추어 설명하였다. 심리치료를 연금술로 설명함으로써 심리치료를 행동 수정, 생각의 변화를 넘어 건강하고 새로운 자아를 찾아 새롭게 태어나는 과정으로 묘사하였고, 이 과정을 함께하는 치료사 또한 치료를 위해 준비되고 정화되어야 함을 주장한다.

분석심리에서 미술치료는 인류가 담고 있는 집단 무의식 이미지의 표현을 해석하고 이를 통찰하도록 돕는다. 내담자는 미술창작 과정에서 자신이 사용하는 원형적 상징과 이를 표현하는 자신의 무의식에 대한 통찰을 통해 내적 에너지를 만나게 되는 원형, 이미지가 자신에게 어떤 페르소나를 가지도록 하는지를 통찰하여 진정한 자아를 만나도록 돕는 것이 미술치료의 핵심이다.

분석심리에서는 미술치료 기법 중의 하나로 적극적 상상을 많이 사용하고 있다. 적극적 상상을 하는 과정에서 치료사는 내담자의 집단 무의식적 요소들, 페르소나, 아니마, 아니무스, 그림자에 대해 이해하기 위해 내담자와 함께 작업을 한다.

4 게슈탈트 미술치료

1) 인간관

개체와 환경을 하나의 전체적인 통합체로 보는 시각

프리츠 펄스(Fritz Perls)는 독일 출신의 유대계 정신과 의사이다. 그에 의해 창안된 심리치료는 골드스타인(Goldstein)의 유기체이론을 토대로 정립한 이론으로, 개체와 환경을 하나의 전체적인 통합체로 보는 새로운 시각을 확립하였다. 실존주의 정신의학 사조가 들어오며 게슈탈트(Gestalt) 치료가 점차 인정을 받기 시작하였는데, 게슈탈트 치료는 통합된 기능에 관심이 있는 인간적이고, 과정 지향적인 치료형태이다.

실존적으로는 자신의 삶에 대한 책임을 지고, 현상학적으로는 환경에서 살아간다. 그러므로 현재에 초점을 두며 각 개인은 자신의 운명에 책임이 있다. 인식영역의 확장, 인격의 통일, 양극성의 통합, 지금-여기 있는 그대로의 모습을 가지고 살아갈 것을 강조하였다. 인간은 하나의 의미 있는 전체로서 이해되어야 한다.

인간은 환경의 일부이며 그것을 벗어나 이해될 수 없다. 인간은 환경과 상호작용하면서 자신의 운명을 스스로 결정할 수 있고, 자유롭게 선택할 수 있으며, 현재에서만 자신을 체험할 수 있는 존재이다.

2) 주요 개념

(1) 게슈탈트(Gestalt)

하나의 의미 있는 전체로 조직화하여 지각

게슈탈트란 전체, 형상, 형태, 모습 등의 뜻을 지닌 독일어로, 게슈탈트 치료에서는 게슈탈트라는 개념을 치료적인 영역에 확장하여 사용한다. 게슈탈트는 개체에 의해 지각된 유기체 욕구나 감정이 아니라 개체가 자신의 욕구나 감정을 하나의 의미 있는 전체로 조직화하여 지각하는 것을 뜻한다.

(2) 전경(Foreground)과 배경(Background)

관심의 초점이 되는 부분은 전경, 관심 밖으로 물러나는 부분은 배경

어떤 대상을 지각할 때 관심 있는 부분은 지각의 중심 부분으로 떠오르고, 나머지는 배경으로 물러나는 것을 체험할 수 있다. 이처럼 관심의 초점이 되는 부분을 전경이라 하고, 관심 밖으로 물러나는 부분을 배경이라고 한다.

게슈탈트 치료에서는 개체가 게슈탈트를 형성하여 지각하는 것도 전경과 배경의 관계로 설명한다. '게슈탈트를 형성한다'는 말은 '개체가 어느 한순간에 가장 중요한 욕구나 감정을 지각하여 전경으로 떠올린다'는 뜻이다.

건강한 개체는 자신에게 중요한 게슈탈트를 선명하고 강하게 형성하여 전경으로 떠올릴 수 있는 반면에, 그렇지 못한 개체는 전경을 배경에서 명확히 구분하지 못한다.

(3) 미해결 과제(Unfinished Business)

완결되지 못한 혹은 해소되지 않은 게슈탈트, 미해결 과제

미해결 과제의 의미는 개체가 게슈탈트를 형성하지 못했거나 혹은 게슈탈트를 형성하긴 했으나 그 해소를 방해받았을 때 그것은 사라지지 않고 배경으로 남아 있으면서 계속 전경으로 떠오르려고 노력하지만 전경으로 떠오르지도 못하여 중간층에 남아 있게 되는 현상이다.

이와 같이 미해결 과제는 완결되지 못한 혹은 해소되지 않은 게슈탈트를 의미한다. 미해결 과제는 계속 그 해결을 요구하며 전경으로 떠오르려고 하면서 전경과 배경의 자연스러운 교체를 방해하기 때문에 개체의 적응에 장애가 된다. 미해결 과제가 많을수록 개체는 자신의 유기체 욕구를 효과적으로 해소하는 데 실패하게 되고 마침내 심리적 · 신체적 장애를 일으키게 된다.

펄스(Perls)의 연구에서 미해결 과제는 항상 전경으로 떠오르려고 노력하기 때문에 '지금-여기'에 그 모습을 드러내고 있으며, 개체는 단지 그것을 회피하지 않고 알아차리기만 하면 되므로, 미해결 과제를 해결할 수 있는 방법을 '지금-여기'를 알아차리는 것이라고 하였다.

(4) 지금-여기(Now-Here)

게슈탈트 치료의 두 가지 축, '현재(the now)와 방식(the how)'

게슈탈트 치료 기준은 현재(the now)와 방식(the how)이다. 현재는 존재하는 모든 것을 포괄하며 인식의 기초가 되고, 방식은 행동과 진행 중인 과정에 관여되어 있는 것을 의미한다.

펄스의 연구에서 게슈탈트 치료는 현재를 올바르게 인식하고 충분히 경험하는 것을 학습하는 데 초점을 두는 것으로, 표출된 행동을 보지 못하기 때문에 게슈탈트 치료사는 내담자에게 자신의 감각을 충분히 사용할 수 있는 방법을 가르치고, 표출된 행동을 자신이 얼마나 회피하고 있는지를 인식하도록 하고, 지금-여기(here and now)에 대해 개방적이도록 해야 한다고 하였다.

(5) 현상학(Phenomenology)

현상, 지각하는 사람의 경험 내에 주어진 것만을 받아들이는 의식

현상학은 지각하는 사람의 경험 내에 즉각적으로 주어진 것만을 진실한 것으로 받아들이는 의식에 관한 학문이다. 게슈탈트 치료는 단순한 외양에 기초하고 있으면서 그러한 외양의 원인이 되는 절대적인 현실을 추론하기보다도 즉각적으로 인식하는 것을 더 신뢰한다. 모든 즉각적인 경험은 동등한 가치를 지닌 것으로 간주된다. 게슈탈트 치료에 있어서 현상학적 탐사의 목표는 인식 혹은 통찰이다. 이때 통찰은 인식의 관점에서 정의될 수 있다.

(6) 장 이론(Field Theory)

장(field, 場), 부분들이 관계성 내에 존재하면서 서로 반응하는 하나의 전체

장 이론(field theory)은 사건을 현재 그 사건이 속하고 있는 전체 장 내에서 기술하는 탐구 방식이다.

장(field, 場)이란 부분들이 즉각적인 관계성 내에 존재하면서 서로 반응하는 하나의 전체이며, 그 장의 다른 곳에서 진행되고 있는 것에 의해 다른 모든 부분들이 영향을 받는 전체이다. 장 이론은 별개의 고립된 분자에 관한 개념을 바꾸어 놓았는데, 장 이론에 따르면 그 어떤 활동도 서로 분리되어 있지 않다.

장 이론적 접근은 해석적, 분석적이기보다는 서술적이다. 탐구되는 모든 것의 정확한 구조를 관찰하고 기술하고 해설하는 것이다. 또한 현상학적인 장은 관찰자에 의해 정의되는데, 이러한 것은 그 관찰자의 참조 체제를 알 때에만 의미가 있다.

개인이 관찰하는 것은 그 개인이 언제, 어떻게 보는가에 따라 어느 정도 달라지기 때문에 관찰자가 필요하다. 게슈탈트 치료사들은 지금－여기라는 장에서 작업하며 그 지금－여기에 신체 자세, 습관, 신념과 같은 과거의 잔여물들이 어떤 양상으로 내포되어 있는지에 주의를 기울인다(Yontef & Simkin, 1989).

3) 게슈탈트 미술치료

(1) 치료목표

게슈탈트 치료의 목표는 외부로 투사되거나 자신의 내부에서 격리되어 자신의 것으로 자각되고 통합되지 못한 에너지 혹은 감정들을 자각, 의식하고 나아가 이들을 통합하는 데 있다. 최종 목표는 개체로 하여금 실존적인 삶을 살도록 도와주는 것이다. 이를 위해서는 체험확장, 통합, 자립, 책임자각, 성장, 실존적 삶의 추구가 중요하다.

(2) 치료과정

알아차림은 게슈탈트 형성에 관계, 접촉은 게슈탈트 해소에 관계

유기체적인 삶은 게슈탈트의 형성과 해소의 끊임없는 반복 순환 과정으로 전경과 배경의 교체에서 알아차림과 접촉이 매우 중요한 요소이다. 개체는 알아차림과 접촉을 통해 전경과 배경을 교체하고, 알아차림은 게슈탈트 형성에 관계하며 접촉은 게슈탈트 해소에 관계한다.

게슈탈트가 형성되어 전경으로 떠올라도 이를 환경과의 접촉을 통하여 완결짓지 못하면 배경으로 사라지지 않는다. 따라서 알아차림과 접촉은 서로 보완적으로 작용하여 '게슈탈트 형성–해소'의 순환과정을 도와주어 유기체 성장에 이바지한다.

징커(Zinker)는 '알아차림 – 접촉주기'를 다음과 같이 6단계로 나누어 설명하였다.

① 먼저 배경에서 어떤 유기체 욕구나 감정이 신체감각의 형태로 나타난다.
② 이를 개체가 알아차려 게슈탈트로 형성하여 전경으로 떠올린다.
③ 이를 해소하기 위하여 에너지를 동원한다.
④ 행동으로 옮긴다.
⑤ 마침내 환경과의 접촉을 통해 게슈탈트를 해소한다.
⑥ 그러면 그 게슈탈트는 배경으로 물러나 사라지고 개체는 휴식을 취한다.

게슈탈트 치료의 경험적인 특성 때문에 게슈탈트 미술치료(Gestalt art therapy) 이론이 발전하게 되었다. 게슈탈트 미술치료는 1960년대에 캘리포니아 에솔렌 연구소(Esalen Institute)에서 시작되었다.

게슈탈트 치료사는 개인의 능동적인 참여와 실연을 권장하여 감각운동의 촉진을 통해서 문제를 인식하고 명료화하도록 돕는다. 미술매체로 내담자의 감정을 표현해 내고 이를 바라보면서 알아차리게 하는 바로 지금 – 여기(here now)에서 자신의 감정을 끌어내는 것, 자신에 대한 알아차림이 일어나도록 돕는 것이 게슈탈트 치료의 중요한 시각이다.

미술치료사들은 미술 자재를 활용하여 복잡하고 문제를 일으키는 인간의 심성을 예술정신으로 승화시킨다. 내담자의 자기표현을 이끌어 내는 예술치료 기법들은 궁극적으로 언어나 예술매체를 통해, 치료사와 상호작용을 통해 새로운 체험으로 이어질 때 치료로서의 기능을 한다.

5 행동주의 미술치료

부적응행동을 소거 또는 적응행동을 증가, 형성시키는 심리치료

행동치료란 학습이론을 근거로 하여 부적응행동을 소거하거나 적응행동을 증가, 형성시키는 것을 목표로 한 심리치료이다. 행동치료는 행동수정(behavior modification)이나 혹은 인지행동치료(cognitive－behavioral therapy)라고도 불리나 행동치료가 가장 폭넓고 순수한 개념이라고 할 수 있다.

1) 인간관

행동주의 이론가들은 인간은 학습을 통해 발전한다는 입장이다. 나쁜 습관조차도 학습에 의해 형성된 것으로 간주하며 이를 사회적으로 용인되는 좋은 습관으로 학습할 수 있다는 것이다. 행동주의 심리치료는 다양한 기법으로 시도된다. 내담자의 문제에 맞추어 치료방법을 자유롭게 선택하고 내담자의 능력과 임상적인 요청에 맞는 치료를 진행한다.

과학적 · 임상심리학적 관점에서 직관 · 사변을 통해 얻은 지식체계는 정확성, 과학적인 인식, 인식방법의 객관화, 개개의 사실과 조합해서 검증되는 것이 필요하다.

치료대상에게는 객관적인 관찰과 측정이 가능한 검사법을 사용한다. 이는 치료효과의 평가와 치료의 재현을 가능하게 하기 위한 것으로, 구체적이고 객관적인 용어로 치료절차를 기술한다. 치료대상은 마음이나 정신대상이 아니라 겉으로 드러나는 행동대상, 불안감, 공감의 심적 상태가 아닌 불안반응, 구체적인 문제행동에 초점을 둔다. 또한 운동반응, 동작, 생리적 반응도 치료의 대상이 되며, 언어에 의한 보고가 있을 때에는 강박관념이나 이미지 등 내재적 사상 또는 사적 사항도 대상화될 수 있다.

2) 주요 개념

정신역동적 미술치료를 포함한 심리치료와 행동주의 미술치료를 포함한 행동치료는 공통성이 있으며, 심리치료와 행동치료는 미술활동과 관계없이 기본적으로 문제를 가진 사람을 돕고자 하는 데 그 목표가 있다. 오늘날 정신역동적 심리치료와 행동치료는 내적 과정의 역할을 강조하는 동시에 행동의 기능적 적응에도 초점을 둔다. 미술치료에 행동치료 기법을 적용한 행동주의 접근에 의한 미술치료가 발달지체 아동들의 발달 촉진 및 문제행동 개선, 나아가 학교 부적응행동 개선에 효과적이라는 측면이 이를 입증해 주고 있다.

(1) 행동형성법(Shaping)

행동형성이란 내담자가 새로운 행동을 형성하는 절차이다. 내담자가 현재 할 수 있는 행동 리스트에 들어 있지 않은 행동을 강화를 통해 점진적으로 목표행동에 접근시켜 가는 방법으로, 미술활동을 촉진시키는 주된 기법이다. 행동형성 절차를 통하여 목표행동을 형성시키는 데에는 강화 그리고 촉구법 및 용암법이 함께 활용된다.

(2) 강화(Reinforcement)

강화란 바람직한 행동을 증가시키고 부적절한 행동을 감소시키는 후속자극이다. 그리고 행동이 일어난 후 그 행동의 강도나 그 행동이 일어날 가능성을 높이는 후속자극을 모두 강화자(reinforce)라 부른다. 미술치료에서 유아에게 적절한 강화자를 발견하는 것은 아주 중요하다. 내담자에게 적절한 강화자를 활용함으로써 치료사와의 친화관계 형성에 도움을 줄 뿐 아니라 학습효과를 촉진할 수 있다.

(3) 촉구법(Prompt)

특정의 적절한 행동을 수행하도록 내담자에게 실마리로 제시되는 보조변별자극을 촉구라고 하며, 이 변별자극을 사용하는 것이 촉구법이다. 촉구는 행동이 일어날 가능성을 크게 증가시킬 수 있고, 훈련 프로그램을 사용하여 내담자의 적절한 행동과 복잡한 계열의 행동을 증가시킬 수 있다. 촉구의 종류에는 언어, 몸짓, 신체에 의한 촉구가 있다.

(4) 용암법(Fading)

용암법이란 촉구를 점차적으로 제거하는 것이다. 대상 아동에게 주어졌던 촉구를 감소 또는 제거시켜 스스로 바람직한 행동을 할 수 있게 하며, 나아가서 독립심을 키우게 한다. 학습된 행동을 다른 생활환경으로 일반화시켜 나가는 것이 행동치료에 있어서의 최종목표라고 말할 수 있다. 미술치료에서도 목표행동들이 명백하게 정의되어야 하며, 내담자의 현재 수준과 목표행동에 대한 객관적인 사정이 이루어져야 한다.

(5) 소거(Extinction)

미술치료에서 치료사와 내담자는 바람직한 인간관계, 적절한 교육관계, 신뢰감을 동반한 접근적인 관계, 즉 서로 상대의 행동에 대하여 강화 요인을 주고받는 관계가 되어야 한다. 인간관계를 유지하면서 부적절한 행동을 수정하고 나아가서 효과적인 미술치료를 실시하기 위해서는 치료기법을 적절히 선택해야 하며 벌주기 등과 같은 혐오자극을 피해야 한다.

3) 행동주의 미술치료

(1) 치료목표

행동주의 미술치료는 정서 · 행동장애 아동이나 지적장애 아동을 포함한 학교부적응 행동이 있는 아동들에게 행동치료 기법의 미술치료를 적용하는 것이다.

행동치료는 꿈, 환상, 그림 등을 통해 드러난 무의식과는 관계가 없으며 추론으로만 의미를 해석하는 애매한 정신내면의 심리적 갈등을 다루는 것 자체를 거부하고 객관적으로 측정 가능한 명백한 행동에만 관심을 두었다. 정신역동적 관점을 가진 미술치료사들도 다만 그렇게 부르지 않았을 뿐 행동치료 기법을 사용해 왔다. 미술치료사는 감정이 억압된 내담자에게 자유롭게 낙서하기를 권유하여 낙서를 통해서 미술매체에 열중하는 모습을 칭찬하는 강화 등을 통해 행동적 접근방법을 사용한다.

행동치료는 내담자의 호소를 중심으로 한 증상을 어떻게 효율적으로 해소하느냐에 초점을 둔 새로운 형태로서, 사회 재적응 방법을 빨리 습득하는 것을 치료목표로 삼는다. 또한 발달장애 아동은 사물 묘사를 통한 상징성 묘사가 곤란하여 내면세계를 표현하는 데 어려움이 있으므로 미술교육적으로 접근하여 단순한 표현에서 복잡한 표현으로 발전할 수 있도록 한다.

(2) 치료과정

심리치료에서 치료관계는 깊은 정서적인 유대를 필요로 한다. 즉, 치료사와 내담자의 관계는 모든 유형의 심리치료에서 중요하며 필수적인 요소로 간주된다. 치료과정에는 감정전이라는 현상이 필수적이다. 그러나 행동치료에서 친화관계를 형성하는 것은 필요하지만, 이는 성공적인 치료를 위한 필요조건이지 충분조건은 아니다. 즉, 깊은 정서적인 관계는 필요로 하지 않는다.

행동치료가 이러한 입장을 주장하고 있기 때문에 행동치료는 치료관계도 불필요할 뿐만 아니라 표층적이며 인간의 내적 체험도 부정하는 등 인간성을 중요시하지 않는 치료법이라는 비판도 받아 왔다. 그러나 흥미롭게도 행동치료를 받은 내담자들은 치료방법보다는 치료사와의 관계를 통해 자신이 더 향상되었다고 생각하는 경우가 많다고 한다. 행동치료는 행동과학으로서의 심리학 수준에서 환자의 행동을 파악하고 변용을 시도한다는 입장에 있다. 환자의 내면세계를 부정하는 것이 아니라, 무리하게 파고들지 않는다는, 오히려 환자의 인간성을 좀 더 존중하는 입장이라는 점이 특징이다.

행동치료의 치료대상은 객관적인 관찰과 측정 가능한 것으로 한정하며, 경험적으로 타당화된 방법과 절차를 사용한다. 이는 행동치료가 엄격히 통제된 연구나 실험을 통해 도출된 결과에 의존하고 있기 때문에 누구나 같은 절차 혹은 방법을 사용하면 같은 결과를 가져온다는 것을 의미한다. 즉, 진단이나 치료과정에 있어서 가능한 한 객관적인 평가를 기초로 한다. 전 치료기간을 통해서 표적행동의 발생 빈도나 지속시간을 반복 측정하며, 치료를 진행함에 있어서 그 자료를 근거로 하여 치료효과를 평가하고, 그 결과에 따라 방법과 절차를 변경하거나 추가 또는 소거한다. 즉, 치료효과를 경험적으로 검증하는 것이 중시된다.

MEMO

Chapter 3

미술심리치료의 대상

1. 일반아동 미술치료
2. 특수아동 미술치료
3. 청소년 미술치료
4. 성인 미술치료
5. 노인 미술치료

Chapter

3 미술심리치료의 대상

현재 청소년기본법에서는 아동과 청소년을 함께 묶고 있지만 치료현장에서 아동이 가진 특성과 청소년이 가진 특성에는 큰 차이가 있다. 따라서 대상에 따라 특성이 다르므로 이 장에서는 아동과 청소년을 나누어 설명한다.

1 일반아동 미술치료

1) 아동의 발달 특성

아동의 발달 특성은 인지발달, 언어발달, 정서발달, 사회성 발달 등으로 설명하였다.

(1) 인지발달

① **감각운동기**(0~2세) : 대상에 대한 외형적 활동을 통해 세계를 이해하고 대상의 영속성을 획득한다.

② **전조작기**(2~7세) : 문제해결이 가능하며 표상이 형성되고, 내재적 사고가 자기중심적이며 비가역성의 한계를 보인다.

- 자기중심성 시각 조망 : 자신의 위치에서 사물을 이해하고 타인의 위치에서 보이는 사물의 모습을 추론하지 못함
- 자기중심적 언어 : 듣는 사람이 자신의 말을 이해할 수 있는가를 고려하지 않음

③ **구체적 조작기**(7~12세) : 체계적 · 논리적 사고 발달, 수, 길이, 양, 보존개념을 획득한다.

④ **형식적 조작기**(12세~성인기) : 보존개념(넓이, 부피) 형성, 분류와 관계적 추론 능력을 획득한다.

(2) 언어발달

① 6개월경, 옹알이 시작하여 첫돌 때 말을 시작한다. 단어 뜻보다는 몸짓이나 말의 억양으로 의미를 표현한다.

② 1년 6개월에는 단어와 단어를 조합하여 기본적인 문장의 형식으로 말을 시작한다.

③ 두 단어 조합으로 말하기 시작 후 2~3개월 지나면 세 단어 조합의 형식이 나타난다.

(3) 정서발달

희로애락의 감정을 맞이할 때 유발되는 분화된 감정표현은 격렬하고, 일시적이며, 지속시간이 짧다.

① 분노

진행 중인 활동을 방해받을 때, 야단맞을 때, 나이 많은 아동들과 비교를 당할 때, 꾸지람을 들을 때 화내는 감정으로 표출된다.

② 공포

실제적인 자극으로 유발되는 공포는 연령이 증가함에 따라 감소하고 상상이나 환상적이고 초자연적이며 예상적인 위험을 두려워하는 빈도가 증가한다. 어두움이나 어두움과 관련된 상징적 괴물, 시체나 죽음과 관련된 것을 무서워한다. 수줍음은 공포의 일종으로서 고개를 한쪽으로 기우뚱하거나 코나 귀를 만지작

거리는 신경증적인 습관으로 나타난다.

③ 걱정

아동의 공통적인 걱정거리는 가족이나 학교 문제 또는 사회적 적응과 관계되는 문제들이다. 여아가 남아보다 학교와 안정에 대해 더 많이 걱정한다.

④ 불안

불안은 또래집단에서 인기가 없는 아동에게 더 많으며, 남아보다 여아에게 빈번하다. 불안한 아동은 학습할 때 곤란한 점이 많아 학업성적이 뒤떨어진다.

⑤ 호기심

아동들은 이상하게 보이는 물건을 조사하고 그것을 분해하거나 뜯어보기도 한다.

⑥ 애정

아동은 애정표현을 별로 하지 않는다. 남아는 대중 앞에서 껴안거나 입 맞추는 것을 당황해하고 어린아이 같이 취급한다고 느끼며, 애칭을 부르는 것을 싫어한다. 애정을 나타낼 때는 상황에 맞지 않게 갑자기 나타내고는 한다.

⑦ 기쁨

기쁠 때 손뼉을 치거나 깡충깡충 뛰거나 구르거나 하는 것은 '유치한' 것으로 생각하기 때문에 남아는 크게 웃거나 특별히 행복할 때는 친구의 등이나 머리를 두드리며, 여아는 친구의 팔짱을 끼거나 껴안으면서 웃는다.

⑧ 질투

아동은 싸움을 걸거나 조롱하고 놀리며, 골리거나 헐뜯는 말을 함으로써 질투를 표현하거나 질투하는 대상을 무시하고, 거짓말을 하거나 순교자적 유형의 공상을 함으로써 간접적으로 표현하기도 한다. 나이가 많아짐에 따라 간접적인 표현보다 직접적인 표현이 많아진다.

(4) 사회성 발달

인간은 6세 이전에는 사회적 상황에 대한 자신의 견해와 다른 관점을 구분하지 못한다. 6세에서 10세의 인간은 타인에 대해 인지하고 다른 견해를 구분하는 변화가 일어나며, 10~11세경에 상호 간의 입장을 이해하고 추리하는 실제적인 능력이 가능해진다. 12세 이후로 사회적 수준의 관계를 형성할 수 있고, 이를 확장할 가능성이 생긴다. 이는 우정으로 발달되면서 사회적 규칙을 알아차리고 발달되어 간다.

사회성 발달의 견해는 연구자의 이론에 따라 차이를 보이는데, 정신분석 이론가들은 부모의 자녀양육 방법이 아동의 행동에 영향을 가져오는 것으로 가정하였으며, 인지발달 이론가들은 환경에 대한 적응의 발달에 의미를 두었고, 사회학습 이론가들은 다른 사람의 행동을 관찰하고 모방한 결과로서 이루어진다고 하였다.

2) 아동미술의 발달단계

(1) 난화기(The Scribbling Stage : 2~4세)

아동기 시기에 성인의 강요와 지도는 작업의 자유로운 발달을 저해하므로 난화를 자유롭게 하도록 격려해야 한다. 또한 아동기에는 색채보다 선과 형태를 그릴 수 있는 기회를 주는 것이 더 중요하며, 그리기를 통해 근육운동과 협동능력을 발달시키고 환경과 그림이 관계를 맺도록 지도하는 것이 좋다.

난화기 아동의 단계는 다음과 같이 세 가지로 구분할 수 있다.

① 마구 그리는 난화 단계

종이가 아닌 담벼락, 벽, 유리창, 방바닥 등의 아무 곳에나 그리는 단계이다.

② 통제된 난화 단계

자신의 팔의 동작과 종이 위에 나타나는 표현 사이에 어떤 관계를 발견하여 자신이 시각적으로 조절하는 단계이다.

③ 명명하는 난화 단계

근육운동, 지각적 사고에서 시각적으로 상상력이 풍부한 사고로 변한 그림에 이름을 붙이고 이야기를 할 수 있는 단계이다.

(2) 전도식기(The Preschematic Stage : 4~7세)

전도식기는 아동에게 동기부여가 중요하며, 부여된 동기가 아동의 경험과 연관되도록 지도하는 것이 좋다. 아동에게 자기의 신체개념을 먼저 알려주고 자신에게 직접 관련된 다양한 주제를 표현하게 한다. 미술재료를 너무 많이 주는 것은 바람직하지 않다.

- 표현은 활발해지며 정서가 불안정하고 표현에 목적이 없으나 표현하는 그 자체에 즐거움을 갖는다. 전도식기는 대상과 그린 것과의 관계를 찾아내는 시기이다.
- 자기중심적이고 객관성이 없으며 개인의 차이가 크다.
- 좋고, 싫은 것은 알고 있으나 다른 친구들의 작품에 대한 비교와 검토는 없다.
- 지속성이 없으며 흥미의 중심이 이동하기 쉽다.
- 색채는 자기가 좋아하는 대로 사용하며 선명한 색에 관심이 높아지고, 장식적이나 객관적인 사실을 표현하지 않는다.
- 5~6세로써 인간의 형태표현은 비교적 정확해지나 유치한 상징으로 나타난다. 용모는 매우 개념적인 위치로 정해지나 각자 부분적 절취식 표현이 되며, 같은 아이는 똑같이 좋아하는 형으로 오래도록 지속적으로 표현된다(예 두족 인물상).

(3) 도식기(The Schematic Stage : 7~9세)

도식기의 미술매체 중 찰흙은 가소성 때문에 개념을 발달시키는 아동에게 적합한 재료로 평가되고 있다.

- 이 시기의 아동은 인물이나 사물을 반복해서 표현한다.
- 중요한 부분이 강조되고 기타 중요하지 않은 부분은 생략되어 표현된다.
- 정의적으로 의미 있는 부분의 형태로 변화되어 간다.
- 공간적, 시간적 동시표현(투사법) 그림이 나타난다.
- 이 시기의 아동은 대상과 색채의 상호관계를 알게 됨으로써 같은 색을 같은 대상에게 반복해서 채색한다.

(4) 또래 집단기(The Gang Stage : 9~11세)

- 집단 속에서의 활동과 공동작업에 대한 의욕이 왕성하다.
- 이성에 대한 구분이 나타난다.
- 친구와 접촉하는 개인으로서 자신을 자각한다.
- 사실적이고 도식적인 표현과 객관적인 표현으로 변해 간다.
- 기저선의 개념에서 벗어나 위에서 볼 줄 알고 중첩된 표현이 나타난다.
- 색채에서도 도식적 색채와 대상관계로부터 벗어나 특징 있는 색채를 사용하여 표현하기 시작한다.
- 물감을 사용할 수 있게 되어 농도를 잘 조절하고, 크레파스의 옆면을 사용하기도 한다. 세부적인 면에도 더욱 관심을 가지고 큰 붓과 가는 붓을 함께 사용한다.

(5) 의사실기(The Pseudo Naturalistic Stage : 12~14세)

- 논리적 시기로 각자의 지성에 눈을 뜨고 넓은 세계와 미래에 관심을 확대해 간다. 표현과 정보와 완성된 작품에 대한 중요도가 높아진다.
- 이 시기는 좋아함과 싫어함의 차이가 심하게 나타나고, 잘하려는 부담감으로 자유로움과 창의성이 감소한다.
- 어린이도 아니고 성인도 아닌 심리 특성을 이해하고, 자연스럽게 성인이 기대하는 표현으로 이행하도록 도와주는 것이 중요하다.
- 재료나 기법이 벽화, 도자기 제작, 목탄, 석고 등으로 다양해진다.

(6) 결정기(The Period of Decision : 14~17세)

- 신체적, 정신적으로 새로운 상황에 적응해 나가야 할 복잡한 위기를 형성하는 단계로서 인간발달에 있어서 중요하게 인식되고 있다.
- 시각형은 사물의 외형에서부터 접근한다. 대상 자체의 모양과 구조의 특성을 분석하여 명암, 색상, 톤, 원근에 따라 결정되는 형태와 구조가 변화하는 효과에 관심을 갖는다.
- 근육운동 지각과 촉각, 지각적 경험도 시각적 언어로 전환시키려 한다.
- 촉각형은 신체 그 자체, 근육운동, 근육감각, 지각적인 경험, 외계에 대해 자신과 가치 있는 관계를 맺고 있는 모든 경험이 중요한 매개체이다.
- 기법을 배우거나 목적에 맞는 그림을 그리려는 노력이 강하게 나타나며, 기술적 완성도가 매우 중요한 시기이다.

3) 아동미술의 이해

미술치료사는 아동미술에 대해 다음과 같은 사항을 이해하여야 한다.

① 아동의 그림 안에는 매우 다양한 여러 가지 요소와 경험이 결합되어 있기 때문에 아동의 그림을 간단하게 설명하고 해석하는 것은 매우 어려운 일이다.

② 아동의 그림에는 기억, 상상력 그리고 현재의 삶이 담겨 있다.
오랫동안 학대를 받은 아동, 심리적인 마비 상태의 심한 충격을 받은 아동은 종이 위에 아무것도 그리지 못할 수 있다.

③ 그림에 대한 태도는 어린 시절에 형성된다.
미술표현은 개인적인 창조적 노력이며 아동, 청소년, 성인 모두 어린 시절 그림에 대해 비난받으면 상처받기 쉽다.

④ 아동의 그림은 사회적인 영향을 미친다.
아동의 흥미와 관심, 동기 등 그림을 그리는 과정에 있어서 신념과 가치에 대해 학습하고, 이와 같은 차이점을 이해하고 해석하는 것이 중요하다.

⑤ 그림은 아동의 잠재력을 반영할 수 있다.
잠재력은 아동의 개성과 강점, 회복력을 말한다. 아동의 그림표현에 있어서 집, 나무, 사람의 특성 등 세부적인 구성 요소 항목에 대한 연구는 줄어들고 있다. 아동이 그림을 어떻게 그렸으며, 무엇을 그렸는지, 질문과 그림에 대한 의도를 고려하지 않는 해석은 매우 위험하다.

⑥ 그림에 대한 이야기를 나누는 것이 중요하다.

아동이 그림을 통해 자연스럽게 내면을 표현하고, 치료사에게 자신의 생각과 관심을 이야기하는 과정에서 카타르시스를 느낄 수 있도록 해준다.

⑦ 그림에 대한 과정이 중요하다.

그림 자체를 해석하는 데 목적을 두지 않으며, 그림을 그리는 과정에서 치료사와 아동이 어떤 관계를 갖는지, 자신의 그림에 대해서 어떻게 반응하는지를 살피는 것이 중요하다.

4) 아동 미술치료의 필요성

미술치료는 그림을 통해 문제 발생의 원인을 미리 파악하여, 현재 진행 중인 잘못된 요소를 바로잡고 아동의 사고와 행동양식을 변화시키며 올바른 인간상을 만드는 데 그 목적이 있다.

아동이 지니고 있는 바람직하지 않은 행동양식과 생각을 방치하면 그 원인으로부터 출발한 내용들이 삶을 힘들게 만들게 된다는 점을 인식하여 성장기에 미리 바로잡게 유도해야 한다. 사람이 일생을 통해 자신을 가꾸어 가는 기본적인 가치관은 성장기에 형성된다는 점을 잊지 않는 것이 중요하다.

2 특수아동 미술치료

1) 발달장애 아동 미술치료

(1) 지적장애 아동과 미술치료

① 지적장애 아동의 이해

지적장애 아동에게 미술치료란 정서적 안정과 자기조절 능력, 최소한의 학습 능력을 기르고자 하는 것이 목적이다. 이러한 장애아동의 치료에는 어떤 특성이 치료의 주 목표가 되는가에 따라 치료 프로그램도 달라진다.

지적장애 아동은 일반아동과 같은 성장패턴을 보이지만, 성장 · 발달 단계의 속도는 느리고 단조로우며 원시적이다. 형태나 주제의 반복적인 표현을 하며 실험적인 태도를 보여주는 빈약한 공간적 형태의 특징이 있다(Lowenfeld, 1947).

② 지적장애 아동의 특성

일반아동의 경우 시지각 발달은 3세 6개월~7세 6개월까지 매우 급속하게 이루어진다. 반면 지적장애 아동들은 시지각이 매우 지체되어 있어 사물의 인지와 사물 간의 공간관계 지각에 어려움이 있고, 외부세계의 현상을 왜곡된 형태로 받아들이기 때문에 언제나 불안정하고 불확실한 세계 속에서 살고 있다. 또한 과업을 수행하는 일도 서툴고 운동과 놀이에도 잘 적응하지 못하는 특징이 있다.

지적장애 아동의 경우 시각-운동 협응, 도형 배경 지각, 공간위치 지각, 공간관계 지각, 항상성 지각 등 다섯 가지 시지각의 하위 영역에 장애가 있으며, 이러한 시지각의 장애는 아동의 미술활동뿐만 아니라 아동발달을 저해하고, 학습 지체도 유발한다.

지적장애 아동의 미술표현 활동 지도에 있어서 시지각 특성을 반드시 이해하고, 지적장애 아동의 수준에 맞는 미술치료를 계획하여 실천하는 것이 중요하다.

지적장애 아동 중 교육 가능 수준의 지적장애인 경도지적장애는 조형활동이 가능한 것으로 알려져 있다.

③ 지적장애 아동과 미술치료

지적장애 아동의 미술치료에 있어서는 장애 특성의 이해와 함께 문제행동의 원인과 성격 등을 파악하여 미술치료 방향과 과제를 설정하고 난 후 미술치료에 임하는 것이 좋다.

지적장애 아동의 미술치료에는 크게 두 가지 방향을 설정할 수 있다.

첫 번째는 교육적인 측면에서 다양한 미술활동을 통해 아동의 지체된 발달을 촉진시킨다.

두 번째는 다양한 부적응 행동에 대한 치료적 측면에서 부적응 행동 소거를 목표로 미술치료를 진행한다.

지적장애 아동은 미술활동에 있어서 기초적이고 지속적인 미술치료 지도 전략을 필요로 한다. 정상아동과 비교할 때 발달의 속도가 느리고, 수준이 낮지만 기본 발달패턴은 크게 다르지 않다고 보아야 할 것이다.

지적장애 아동의 미술활동은 기본적인 기능 향상에 역점을 두어야 하며, 프로그램에 있어서 발달적, 인지적, 행동적 접근을 적용하는 것이 바람직하다. 미술활동 지도의 구성에 있어서 천천히 학습하고, 실패감을 느끼지 않도록 짧은 시간에 중요한 기능과 개념에 초점을 맞추며 피드백을 통해 아동을 격려하고 긍정적으로 강화시켜야 한다.

(2) 정서 · 행동장애 아동과 미술치료

① 정서 · 행동장애 아동의 이해

정서 · 행동장애는 대부분의 다른 장애와 중복되어 증상을 보이지만 심리적인 요인에 크게 좌우된다. 외형적으로 신체적 또는 지각적 문제가 없음에도 정상적인 대인관계를 맺기 어려우며 인지, 지각 능력이 떨어지거나 학습 면에서도 상당한 문제를 보인다. 정서 · 행동장애는 학교와 같은 집단에서 증상이 확연하게 드러나는 경우가 많다.

② 정서 · 행동장애 아동의 특성

일반아동과 비교해서 학습능력의 현저한 차이는 지능지수의 차이가 아니라 주의력의 차이, 즉 정서적인 불안이나 주의집중력이 떨어지기 때문이다. 이러한 특징은 자폐증과 학습장애 아동에게서도 일관되게 나타난다.

③ 정서 · 행동장애 아동과 미술치료

정서 · 행동장애 아동의 경우는 행동 특성을 파악하는 것이 중요하고 부적절한 행동을 감소시키고 바람직한 행동 증가를 위한 미술치료 프로그램을 계획하여 가정에서도 함께 실천할 수 있도록 한다.

정서 · 행동장애 아동 중에 위축된 아동은 미술활동 초기에 쉽게 당황하거나 거부감을 지니게 되므로 자신감을 심어주기 위해 과제를 작은 단계로 나누어 실시할 필요가 있다. 그리고 아동의 행동 특성에 따른 미술매체의 사용과 방법을 구상하여 실시하여야 한다.

위축아동의 패턴 중에서 아무것도 하지 않으려고 하며 의욕이 없이 가만히 앉아 있는 위축아동은 도화지 크기나 매체 제시에 신중해야 한다. 너무 큰 종이나 강렬한 색상, 활동적인 매체 등을 제시하면 아동을 당황하게 만들 수 있기 때문이다. 도화지를 색종이 크기로 잘라서 건네주는 것이 효과적이다.

도입에 있어서는 비눗물 거품내기나 파스텔 문지르기, 상호 색채분할법 등으로 어느 정도 의욕과 흥미가 생긴 뒤 프로그램을 진행하는 것이 좋다. 지나친 미술활동의 강요와 치료사의 적극적인 행동과 언어적인 질문 등은 아동을 더욱 위축시킬 수 있으므로 삼간다.

(3) 학습장애 아동과 미술치료

① 학습장애 아동의 이해

학습장애는 학령기 아동의 큰 문제로, 쓰기와 듣기, 읽기와 말하기, 산술능력과 추리능력에 문제를 보이는 것이다. 이러한 능력의 결함은 정보처리 과정이나 의사전달, 자기표현에 문제를 보이며 사회적으로 아동을 위축되게 만든다. 학습장애로 시작된 아동의 자신감 결여 현상은 나아가 정서장애와 사회적 철수, 비행으로 발전할 가능성이 크며 부수적으로 많은 문제를 일으킨다.

학습장애를 겪는 아동에게는 빠른 시기에 적절한 개입이 필요하며 이러한 특성을 고려한 단계별 프로그램을 제공함으로써 좌절감, 위축감, 소외감 등을 감소시킬 수 있어야 한다.

② 학습장애 아동의 특성

학습장애 아동의 여러 가지 일차적인 장애 특성은 다음과 같다.

첫째, 반복된 학업에 실패를 거듭하기 때문에 지적 잠재력에도 불구하고 낮은 자기개념과 자기 확신감 결여로 발전되고 이들을 수반한 행동패턴을 가지게 될 위험에 처한다.

둘째, 학습장애 아동들은 사회적 상황에서 정보를 처리하고 통합하는 과정에서 그리고 그 정보에 대해 적절히 반응하는 데 심한 어려움을 나타낸다.

셋째, 말의 조음과 사회적 상호작용 간에는 통합적인 관계가 있기 때문에, 대다수 학습장애 아동들은 언어적 섬세함이 결여되거나 동시에 일어나는 행동으로 동료와 부정적인 상호작용을 하는 등 대인관계 문제를 가지고 있으며, 격언, 우화, 미신 등을 이해하는 데 어려움을 가지고 있다.

넷째, 학습장애 아동은 의사소통 기능에 장애를 나타내며, 이것은 낮은 자기개념과 서투른 사회적 모습을 초래하는데, 이와 함께 자신의 동료나 교사의 눈에 낮은 자아존중으로 비춰지게 된다.

학습장애 아동은 장애 특성으로 사회적응 능력이 떨어지며, 부정적인 상황에 자주 직면하게 되어 심리적으로 점점 더 위축되며 불안, 우울함을 느끼게 된다.

③ 학습장애 아동과 미술치료

학습장애 아동의 미술활동은 그들의 문제를 해결하는 데 기본적인 치료 방법이 될 수 있다.

- 운동발달이 열악하거나 지체된 위축아동은 미술활동을 하기 전에 먼저 활동적인 내용의 학습이 선행되어야 한다.
- 과잉행동 아동은 쉽게 주의가 산만해져서 학습에 문제를 초래하므로 체계적이고 조화로운 자극을 제공할 수 있는 교실환경의 구성이 필요하다.
- 사회성 문제가 있는 아동은 부정적인 자아개념을 지니고 있어, 그들의 신체개념이 지체되거나 왜곡되어 있는 경우가 많다.
- 학습장애 아동은 전체적인 배경은 잘 보지만 부분을 놓치곤 한다. 반면에 도형, 배경, 지각에 문제가 있거나 배경을 보는 데 문제를 가지기도 한다.

학습장애 아동들은 신체상 부정인식과 부정적 자아개념을 가지고 있다. 따라서 미술 학습내용에는 신체개념과 자아개념 발달을 돕는 내용들이 포함되어야 하고, 시각적으로 사물을 인식하는 능력과 물체를 변별하는 능력을 길러주는 내용이 포함된 미술활동은 아동의 시각화에 중요하다고 할 수 있다.

(4) 자폐아동과 미술치료 이해

① 자폐아동의 이해

자폐증(autism)은 초기 아동기에 나타나는 정신장애로 의사소통, 사회적 상호작용, 유대 형성 및 놀이 활동에 심각한 장애를 보이고 반복적이고 정형화된 행동과 자기훼손 행동을 보인다. 자폐 경향은 자폐증을 가졌더라도 깊이에 따라 양상이 다르고 자칫 다른 병명으로 분류될 수도 있다. 또한 근원적인 장애의 증상을 가지고 있지만 실제 아동의 수준에 따라 이를 알아차리기 어려울 수도 있다.

② 자폐아동의 특성

아이젠버그(Eisenberg)와 칸너(Kanner)가 말하는 자폐아동의 특징은 특정 대상에게 지나친 집착과 대상관계에 어려움이 있으며, 애착행동이 이루어지지 않는다는 것이다. 또한 언어장애와 강박 그리고 사회성 결여가 있고, 상대방과 눈을 마주치지 않으려고 시선을 피하거나 눈을 짧게 마주칠 뿐이다.

자폐아동은 고집이 매우 세고 방어벽을 형성하여 사회로부터 자신만의 세계를 지키고 산다. 자폐아동은 자신만의 규칙을 만들어 살고 있고 그 규칙에서 어긋나면 곧 불안과 공포를 느끼며, 공포는 내담자의 병리적인 현실, 사회의 기피를 조장하는 병리적인 특성으로 자폐아동에게 치명적인 병리적 요인이 된다.

③ 자폐아동과 미술치료

자폐아동의 경우에는 아동의 인지적 결함, 사회적 결함, 정서적 결함이 학습이나 발달장애를 가져온다. 자폐아동의 다양한 문제행동 특징들은 새로운 것을 학습해서 표현하거나 환경과 자신과의 관계, 공간관계 등을 표현하는 데 방해요소가 된다. 자폐아동 중에는 시지각 능력이나 인지능력이 어느 정도 있고, 계속적인 치료교육을 받아 왔음에도 불구하고 정상적인 미술활동을 기대하기 어려운 아동이 많다. 자폐아동 개인의 현재 상태를 고려하여 표현활동을 체계적으로 지도할 수 있는 미술치료 프로그램이 요구된다.

인지능력이 양호한 자폐아동의 경우, 문자는 읽고 쓰는데 그림을 전혀 그리지 못하는 아동 혹은 부모나 교사가 지시하는 것을 완전히 무시하고 자신이 좋아하는 것만 그리는 아동에게는 점토를 이용해서 사물 만들기를 한 뒤 보고 그리기를 통해서 다양한 사물 그리기와 그림 그리기로 넓혀 나가는 것이 중요하다. 그리고 사물구성, 공간구성, 인물구성 Ⅰ(얼굴), 인물구성 Ⅱ(몸통 및 전체상), 주제화 구성으로 진행하는 것이 아동에게는 받아들이기가 쉽다.

3 청소년 미술치료

1) 청소년의 발달 특성

청소년기의 발달 특성은 신체적, 심리사회적, 정서적, 사회적 측면의 발달 특성이 있다.

(1) 신체적 특성

청소년기는 신체변화가 급격하게 일어나는 시기이다. 이 시기에 신체적 · 생리적 특성의 급격한 변화는 청소년에게 자기 신체변화에 대한 자각, 신체적 열등감, 성적 욕구의 증대로 성역할 및 성정체감, 심리적 성장 등이 있다. 12세 전후부터 일어나는 급격한 성격발달은 남성과 여성을 뚜렷하게 구분 지어준다. 여성은 남성보다 약 2년 앞서는 성장폭발(growth spurt)을 겪게 되고 급격한 성적 발달을 경험하게 된다.

(2) 심리사회적 특성

청소년기는 심리적으로 자아정체감(self identity) 형성과 발전, 정체감 형성의 위기 경험, 자기중심적 시기, 도덕성의 발달과 사회적 이해력이 발달하게 되는 시기이다.

첫째, 자아정체감 형성과 위기 경험의 시기이다.

청소년기의 자아정체감의 혼란은 심각한 심리적 장애를 초래하고 사회규범을 벗어나는 일탈행동의 원인이 된다.

둘째, 자기중심적 시기이다.

청소년기는 자아중심적으로 표현되어 객관성이 없고 자신의 신체변화 및 자신의 몸에 대한 타인의 반응에 집착하며, 과장된 자의식이 반영되고, 자신의 감정은 독특한 것이라 타인이 이해할 수 없는 것이고, 위험으로부터 안전하다고 생각한다.

셋째, 도덕성이 발달하는 시기이다.

청소년 자율적 판단과 선택을 할 수 있도록 돕는다는 측면에서 도덕성의 발달은 청소년기에 매우 중요한 발달과업으로 발전되고 있으며, 청소년기에 발달되는 도덕적 욕구는 평생 동안 개인의 생활에 영향을 미칠 수 있다.

넷째, 사회성이 발달하는 시기이다.

청소년기는 자신이 경험하지 않았더라도 상대방의 감정과 느낌을 어느 정도 파악할 수 있는 특징을 가지고 있다.

(3) 정서적 특성

청소년기는 급격한 신체발달과 사회적으로 요구되는 과도한 과업으로 인해 정서적으로 불안정한 상태이며 역할혼란과 정서불안 등으로 부정적인 정서를 동시에 느낀다.

청소년기에 정서적 안정감을 받지 못하고 억압적 환경에서 자라난 청소년들은 공포, 불안, 우울을 나타내며, 정서표현의 내면화로 정서가 억제되어 분노감이나 혐오감으로 이행되고, 공포심은 불안이나 우울로 이행된다. 억압된 강렬한 정서의 해소방법으로 극단적 일탈행동인 자살을 하는 경우도 발생한다.

(4) 사회적 특성

사회적 발달 특성에서 청소년기는 부모로부터 분리되어 독립성과 자율성을 획득하려는 시기이다. 부모와 관계에서 잦은 갈등, 또래집단 활동에 집중 등 사회적 측면의 발달 특성은 부모나 학교로부터 개별화하려 하기 위함이다.

2) 청소년의 발달이론

(1) 생물학적 이론

청소년 발달에 대하여 많은 학자들은 생물학, 정신분석학, 심리학, 인지발달, 사회학습, 인본주의, 생태학 등 다양한 학문적 관점에 따라 청소년기를 구분하였다.

홀(Hall)은 재현 이론에서 각 개인의 성장과 발달에 영향을 미치는 요인은 유전적으로 결정된 생물학적 요인이라고 하였다. 특히 청소년기는 역사적으로 급격한 문명화적 변화를 다시 겪게 되는 시기로 혼란이 불가피하다고 주장하였다.

(2) 정신분석 이론

정신분석 이론에서는 과거에 뿌리를 두고, 본능 이론에 근거를 두고 청소년을 설명하고 있다. 프로이트(Freud)의 인간발달 단계를 심리, 성적 에너지가 집중되는 신체 부위에 따라 구강기, 항문기, 남근기, 잠복기, 생식기로 구분하였다. 이 중 청소년기는 생식기로 보았으며, 부모와의 분리를 통한 개별화 과정으로 12~20세까지를 청소년기라고 하였다.

(3) 심리 사회적 이론

에릭슨(Erikson)과 같은 심리 사회적 발달 이론가들은 중요한 생활사건, 사건의 발생 시기, 타인과의 관계, 문화적 특성 등과 같은 심리 사회적 요인이 인간의 발달에 영향을 미친다고 하였다. 또한 타인과의 상호작용을 통한 사회적 관계 욕구는 상이하게 발달하고 연령에 따라 달라진다고 하였다. 심리 사회적 이론에서는 발달단계를 유아기, 아동기, 소년기, 전청소년기, 초기청소년기, 후기청소년기의 6단계로 구분하였으며, 에릭슨은 청소년기의 중요 발달과업으로 자아정체감(ego identity)의 획득을 강조하였다.

(4) 인지발달 이론

인지발달 이론에서는 개인의 발달에 미치는 사회적 맥락의 중요성을 강조하고 있으며, 청소년의 의식적 사고를 강조하고 있다. 피아제(J. Piaget, 1952)는 사회 환경과의 상호작용에 따라 지적 능력에 차이가 난다고 주장하면서 인지발달 단계를 운동기, 전조작기, 구체적 조작기, 형식적 조작기 등 4단계로 구분하였고, 청소년기에 해당되는 형식적 조작기에는 논리적, 상대적, 다차원적 사고능력으로 외부 세계를 지각하게 된다고 하였다. 또한 청소년기는 부모와 같은 절대적 권위에 대해 자신의 의지를 관철시키려는 행동을 하는 시기라 하였다.

(5) 사회학습 이론

사회학습 이론은 청소년의 발달을 문화, 사회 환경적 요인으로 설명하고 있다. 학습이론가인 스키너(Skinner)는 인간의 행동은 자극과 반응의 결합과 반응결과에 의해 형성된다고 주장하여 인간의 인지기능을 무시하는 기계론적 입장을 주장하였으며, 반두라(Bandura, 1969)는 지각하는 타인의 사고, 행동, 느낌을 모방하고 모델링하면서 자신의 사고, 행동, 느낌을 형성한다고 하였다.

인간발달의 많은 부분은 개인과 가족, 환경에 영향을 미치므로 청소년기에는 부모나 교사, 또래 친구와 같은 주변 사람의 행동을 관찰하고 모방하고 청소년에 대한 어떤 기대를 하느냐에 따라 발달양상이 달라질 수 있다.

3) 청소년의 문제

(1) 가출

가출 청소년이란 가정에서 부모의 동의 없이 집을 떠나서 적어도 24시간 동안 집에 들어가지 않은 청소년이다. 청소년들의 가출은 부모의 불화, 형제간의 갈등, 경제적인 파산 또는 본인의 정신건강으로 인해 문제를 겪는 성인에게도 일어나지만, 청소년들에게 더욱 빈번하게 일어나는 현상이다. 청소년들의 가출은 대부분 일시적인 행동이지만 길게는 며칠 또는 몇 년이 걸리는 경우도 있다.

(2) 폭력

청소년기 폭력적인 행위 정도의 위험수위가 점점 강해지고 있으며, 과거에 비해 폭력적인 행위의 연령 또한 낮아지고 있다. 폭력은 타인에게 해를 입히기 위한 심리적 강제 및 신체적 · 언어적 공격, 괴롭힘, 강요, 명예훼손, 모욕, 감금, 협박 등 신체적인 피해를 입히는 것이다.

(3) 약물

세계보건기구(WHO)의 정의에서 약물이란 한번 복용하기 시작하면 자꾸만 복용하고 싶어 하는 충동적인 심리를 느끼는 의존성과, 사용할 때마다 약물의 양을 늘리지 않으면 효과가 없어지는 내성 약물 사용을 중단하게 되면 온몸에서 견디기 힘들어하는 금단증상 등이 일어나기도 하며, 개인에게 한정되지 않고 사회에도 해를 끼치는 물질로 정의하고 있다(한국마약퇴치운동본부, 1998).

청소년의 약물 남용은 청소년 비행과 가장 밀접한 관계가 있으며, 학급생활에서도 무단으로 결석하거나 성적이 떨어지는 결과들이 나타나고 있다. 폭행과 폭언, 특수절도, 기물 파괴와 재물 손괴 및 기타 비행과 범죄 등을 저지를 가능성이 매우 높다는 점에서 사회적으로 피해를 초래하고 있다. 청소년들에게는 다른 무엇보다도 약물 남용에 대한 철저한 예방교육 및 조기 발견으로 치료가 필요하다.

(4) 자살

자살은 스스로 목숨을 끊으려는 행동으로 세계적으로 가장 큰 비극이고, 자살의 행위와 의도는 사회적으로 가장 커다란 문제이다(한국청소년개발원, 1996).

자살이라는 개념으로는 자살 위협과 우울증적인 행동 및 자기 파괴적 행동과 자살행동 등을 포함하고 있는 용어들이 사용되기도 하였다. 미국의 정신센터 특별위원회에서의 자살에 대한 예방교육에 관한 구분으로는 자살시도와 자살행동으로 인한 자살, 자살생각 등으로 구분하며 의학적인 지명도에 따라 자살행위를 구분하고 있다.

이재상(2004)은 자살적인 행동이나 생각 및 자살충동 등이 반드시 자살적인 행동으로 이어지는 것은 아니며, 이후의 자살적인 시도의 한 가지 예언지표가 될 수가 있다고 하였다.

(5) 절도

형법상 절도죄는 타인의 재산상 재물을 절취나 탈취하는 범죄이다(형법 제329조–332조). 타인 재산상의 재물이란 타인이 소유하고 있는 재물로서 자기 이외의 자의 소유에 속하는 것을 말한다.

청소년들은 또래집단 등을 중요하게 여기기 때문에 혼자가 아닌 두 명 이상의 범죄행위인 특수절도의 범죄 비율이 다소 높다. 현재의 청소년범죄는 경제적인 어려움보다는 유흥비 및 사적인 비용을 목적으로 한 범죄행위가 많아지며 더욱더 조직화 및 지능화되고 있다.

(6) 성 비행

성 비행(sexual deviance)이란 성적인 것과 관련이 되어 있는 범죄로 인한 행위뿐만 아니라 사회규범과 규칙 등을 어긴 일탈적인 행동이나 행위 및 탈선행위로 보고 있다.

청소년들에게 주로 나타나고 있는 성 비행 문제로는 또래 이성 간의 성에 대한 무지로 인한 성문제, 성매매, 사이버상의 음란물 중독과 성폭력 및 성희롱 등으로, 이는 점점 늘어나고 있는 추세이다. 위기 청소년들의 대부분은 또래 아이들에게 인정받고 싶은 마음이 더 많고 자기 자신을 더욱더 과시하거나 자신이 가지고 있는 성기능에 대한 불안으로 인한 우울감을 떨쳐버리고 성적인 성취감을 느끼고 싶어서, 주변 또래 친구들과 어울리며 그 집단에 소속감과 동질감을 갖기 위해서 가담하는 경우가 있다.

(7) 온라인 게임중독

청소년들은 새로운 미디어에 대한 호기심 및 수용성이 크고, 기존에 있는 미디어와 매체는 성인들에 비해서 쉽고 빠르게 확산이 되는 경향이 있다. 이러한 흐름에 따라 향후 인터넷의 정보로 인한 매체가 발달함으로써 청소년에게 미치는 역기능과 부정적인 영향 등이 우려되고 있다.

또한 상습적으로 온라인 게임에 지나치게 몰입하고 있고 청소년들이 온라인 게임 등을 중단하려고 해도 중단할 수가 없어서 학업의 소홀과 신체리듬 파괴로 인한 비현실적인 사고와 또래관계에서 오는 사회적인 고립 및 기피 등과 같은 문제로 일상생활과 학교생활, 또래관계에 지장을 받고 있으며, 적응에도 어려움을 느낀다.

4 성인 미술치료

1) 성인기의 이해

성인 미술치료는 20년간 공식적인 이론으로 정립되었기 때문에 미술치료의 주요 맥락이 되었을 뿐만 아니라 여기에서 파생되는 여러 현상이나 이론이 파생되고 개발되었다.

성인 임상미술치료는 성인의 삶에서 일어나는 다양한 문제를 해결하는 데 유용한 치료이론과 치료방법을 적용할 수 있다. 그동안 성인사회는 아이들 중심의 심리 상태를 더 깊이 알기 위해서 미술치료를 적용시켜 왔지만, 최근 미술치료는 아동에게 더 효과적이라는 통념을 수정해야만 한다.

성인은 감정을 표현할 때 말의 억양이나 크기를 조절하고 동시에 습관에 따라 제한을 받는 경향이 있다. 미술치료는 성인을 대상으로 할 때 지시적인 방법을 사용할 수도 있고 그림을 통해서 처음으로 자신을 볼 수 있게 함으로써 감정 상태를 구체화할 수 있다. 이는 표현적인 형태의 미술과는 다르다. 미술치료는 어린 시절에 억압당했던 심상이나 창조적 표현을 언어화할 수 있도록 하는 기회를 성인에게 제공하기도 한다.

2) 성인기의 발달이론

인생의 생활주기 중 청소년기의 후기, 즉 청소년기가 끝나는 20대 초반에서 노년기가 시작되는 65세까지가 성인기이다. 20대 초반은 초기 성인기이며, 이후를 성인기, 중년기로 구분할 수 있다.

이전에는 발달이론에서 유아나 아동, 청소년기의 성장에 관심이 많았지만 분석심리학의 창시자인 융(Jung)은 최초로 인생의 후반부인 중년의 삶에 관심을 둔 학자이다. 융(Jung)은 인간의 초기 발달보다 중년의 개성화 과정에 관심을 두었으며, 성인이 된 뒤에도 청년, 중년, 노년에 이르기까지 인생의 전환기마다 커다란 변화를 겪는다고 하였다.

성인기 발달이론은 학자에 따라 다양한데, 그중 에릭슨(Erikson)의 심리사회 발달이론과 레빈슨(Levinson)의 성인기 사계절이론 그리고 로빙거(Loevinger)의 자아 발달이론을 통해 성인기 발달단계에 대해 알아보고자 한다.

(1) 심리사회 발달이론

에릭슨(Erikson)의 심리사회 발달이론에 따르면 인간발달의 8단계 중 성인기는 20대 초기 정체감 대 역할혼미를 느끼는 시기로, 이 시기의 과업은 동질감이나 연속적 감정, '나는 어떤 사람인가?' 하는 문제의 해답을 찾고, 자신의 정체감을 찾는 것이다.

다음 단계는 배우자를 선택하고 사회에서 자신의 입지를 마련하는 단계로 친밀감 대 소외감을 들 수 있다. 이 시기는 두 사람(배우자)의 정체감의 융합과 자아 정체감 획득이 필수이며, 상호관계성이 주요한 문제이다.

다음 단계는 생산성 대 자기침체를 느끼는 시기로 타인에 대한 진정한 배려를 배운다. 자아의 흥미를 확장시키고 헌신의 폭을 넓힘으로써 배우자와의 협동과 양육의 시기이다.

마지막으로 어린아이들이 성장하여 외부에서의 시간이 많아지는 시기로 통합감 대 절망감을 느끼는 시기이다. 이 시기는 독립성, 자율성을 찾고 정신적, 정서적, 신체적 성숙의 상태가 된다. 이 시기의 자아통합감은 자기통제의 기초가 된다.

(2) 성인기 사계절이론

레빈슨(Levinson)은 인간의 발달과정 중에 성인기를 사계절과 비교하여 설명하고 있다. 인생구조를 총 9단계로 구분하였는데, 그중 성인기에 속하는 4단계는 성인 이전 시기(22세 이전), 성인 초기(17~45세), 성인 중기(40~65세), 성인 후기(60세 이후)로 구분하였다. 각 단계 사이에는 17~22세, 40~45세, 60~65세 연령내에 3개의 전환기가 있다. 또한 특정 시기의 개인 인생에 있어서 강조되는 패턴이나 디자인을 의미하는 인생구조를 강조하였으며, 구성요소로는 다양한 사람들과의 관계로 사회적 구조나 의미 있는 집단도 이에 포함되며 성격이나 스타일에 영향을 받는다고 설명한다.

(3) 자아발달 이론

로빙거(Loevinger)는 인간의 발달 단계는 10단계로 이루어져 있다고 하였으며 단계적 발달기준을 인간발달과 인격성장에 두었다. 성숙한 단계는 내재화되고 객관적이며 추상적이고 불확실성에 대해 인내하고 통합하는 과정이고 다른 사람에게 의존하지 않는 자유로움을 기준으로 삼았다. 그는 경험의 의미를 찾는 것이 자아의 본질이며 기능이라고 정의하며 단계와 특정한 연령을 결부시키지 않았는데, 같은 연령대라도 발달 단계는 서로 다르다고 하였으며 인생의 발달을 사회적 역할에 따라 설명하였다.

- 성인 전기(성취 단계)

성취 단계의 지적 기능은 주로 직업 선택, 가정의 설계 등 전 생애에 중요한 의미를 갖는 실제적 문제들을 해결한다. 성취 단계의 사고는 어떤 사건이나 현상과 관련된 맥락을 고려할 수 있어야 하며, 의사결정의 결과를 예상할 수 있어야 한다. 예를 들어, 직업 선택에 월급, 직업만족도 등 다양한 고려와 선택의 결과까지 결정하는 역량을 갖추고 독자적인 의사결정을 할 수 있는 지적 기능의 사용 능력을 개발하는 것이다.

- 성인 중기(책임 단계)

책임 단계는 배우자, 자녀, 동료, 지역사회에 대해 많은 책임을 가지고 과업에 관여하며 중요한 의사결정을 한다. 따라서 책임 단계의 지적 기능은 자신의 사고, 판단, 의사결정에 책임을 지는 것이다. 예를 들어, 기관의 장이나 지역사회의 지도자가 지적 기능을 어떻게 사용하는가는 그 기관이나 사회를 발전시킬 수 있고 위기를 초래하는 결정에 중요성을 갖는다. 지적 기능의 특징을 강조하여 이 시기를 실행 단계라 지칭하기도 한다.

- 성인 후기(재통합 단계)

재통합 단계 노인들은 장기적인 목표설정이 필요 없으며 개인적인 흥미, 가치, 태도를 바탕으로 자신의 지적 기능을 선택적으로 사용할 필요가 있다. 인지발달의 특징은 자신의 필요성에 의해 지적 기능을 선택적으로 사용하는 재통합 능력을 획득하는 데 있다.

5 노인 미술치료

1) 노년기의 이해

우리나라의 노인인구의 증가는 빠른 속도로 진행되고 있다. 통계청 자료에 따르면 우리나라는 2000년에 65세 인구가 전체인구의 7%를 넘는 고령화 사회에 들어섰고, 2015년 65세 이상 노인인구(고령인구)는 13.1%를 차지하고 있다. 이러한 추세로 간다면 2026년 노인인구의 비율이 전체인구의 40%에 이를 것으로 추정된다.

2015년 고령가구(65세 이상 고령자가 가구주인 가구)의 비중은 19.1%이며, 이 중에서 노인 혼자 사는 가구는 27.1%로 증가 추세를 보이고 있어 노인층의 증가와 이들의 삶이 소외, 위축되는 심리적 어려움을 예상할 수 있다. 고령화 사회에서 고령사회로 진입하는 데 일본은 24년, 독일은 40년, 미국은 72년이 소요되었는데 비해 우리나라는 18년으로 놀랍도록 빠른 속도를 보여 이에 대한 대처가 미비할 수밖에 없다. 노인인구의 문제는 단지 양적 증가만이 아닌 사회적 · 경제적 · 의학적 · 복지적 관점에서 논의와 해결책이 중요한 과제로 부각되고 있다.

로위와 칸(Rowe & Kahn, 1997)은 성공적인 노년을 위한 세 가지 요인을 제시하였는데, 이는 질병의 위험요인, 발병, 장애가 없는 것, 신체적 · 인지적 기능을 유지하는 것, 적극적으로 인생에 참여하는 태도를 가지는 것이다. 레흐(Lehr, 1991)에 의하면 노년기의 경험과 행동의 변화는 노년기에 이루어진 것이 아니라 인생의 앞 시기에 시작한 발달과정의 연장이며 전 생애를 걸쳐 경험한 자신과 환경에 대한 표현으로 이해되어야 한다.

2) 노인의 신체적 특징

(1) 감각기계

첫째, 신체감각 면에서 피지선의 감소로 피부가 건조해지고 갈라지며, 체온 조절력이 감소함으로써 높은 온도나 낮은 온도에 매우 민감해진다.

둘째, 청각의 문제로 노인성 난청이 심해져 의사소통에 어려움을 겪으며 청각자극에 대한 지각력과 관련하여 언어지각에 영향을 받는다.

셋째, 시각의 문제로 백내장과 녹내장 발병률이 높아진다. 파장이 긴 빨강, 주황, 노랑의 구별능력은 유지되며, 파장이 짧은 초록, 파랑, 보라의 구별이 어려워진다.

넷째, 미각과 후각의 문제로 쓴맛, 신맛, 단맛, 짠맛의 미각 탐지가 약화되고 단맛, 짠맛에 대한 변별력이 감소한다.

(2) 근골격계

칼슘의 밀도가 낮아 골격, 근대, 인대와 근육의 탄력성, 뼈의 무기질과 관절운동이 감소된다. 골다공증, 운동성과 힘의 약화로 골절사고가 증가하고 척추와 등, 어깨가 굽어 신장이 감소한다.

(3) 호흡기계

폐의 탄력성 감소, 흉곽이 경직되는 노인성 흉부를 보인다. 호흡량의 감소, 호흡수 증가, 코 점막 건조, 섬모운동 감소 등으로 폐의 방어능력이 저하되며, 감염에 많이 노출되므로 기관지질환이 빈번히 발생한다.

(4) 심혈관계

혈액순환장애로 선 자세에 문제가 있으며, 맥박수 증가와 혈압 상승으로 고통이 따르며, 혈관 수축 문제로 뇌출혈 발병률이 증가한다.

(5) 비뇨기계

신장의 여과작용과 혈장순환이 감소되며 신장의 나트륨 결손이 일어나고 전립선이 비대해진다. 소변을 자주 보는 빈뇨현상이나 소변을 참는 능력이 감소하는 긴박뇨 현상이 나타난다.

(6) 소화기계

씹는 기능의 약화로 위장 내의 노폐물이 증가된다. 영양결핍의 위험이 있고 변비현상이 동반되며 당뇨 발생 가능성도 높아진다.

(7) 피부

노인성 자반을 보이고 피하조직이 얇아지면서 체온 유지에 문제를 보이며 추위에 예민하게 반응한다.

3) 노인의 심리적 특징

첫째, 인지 변화의 측면으로 노년기의 변화는 다차원적으로 보아야 하며 노인의 상태와 노년기 과정의 변화는 유전적, 신체적, 생리적 요인에 영향을 받지만, 사회적, 시기적 요인도 중요한 역할을 한다는 것을 강조한다.

생활지식의 영역에서 볼 때 노인은 실용적인 인지능력이 발달하고, 노인의 지혜와 관련 있는 것으로 노년기에도 생산적 발전이 가능하다는 것이다.

둘째, 성격 변화에는 일반적으로 경직성과 의존성 증가, 내향성과 수동성의 증가, 우울증 경향 증가, 성역할 지각의 변화, 조심성의 증가, 친근한 것에 대한 애착심 등이 있다(Weined, 1992).

성격 변화와 더불어 오는 심리적 장애는 대표적으로 우울증, 정신분열증, 불안장애, 망상장애, 약물사용 장애 등이 있다.

4) 노인의 사회적 특징

노인사회학자인 코흘리(Kohli, 1992)는 노인을 사회적 문제의 대상으로 보지 않고 사회구조 자원으로 고찰할 것을 강조한다. 현대사회에서 노인을 일과 직업에 근거하여 평가하지 않고 노인생활과 밀접한 관련이 있는 노인의 가족과 친척, 사회적 네트워크, 주거, 교육, 여가 및 소비, 건강, 사회보장 및 복지, 정치 등의 다양한 자원에서 볼 수 있어야 한다는 것이다.

MEMO

Chapter 4 미술심리치료의 과정

1. 전화의뢰
2. 첫 면담
3. 초기 단계
4. 중기 단계
5. 종결 단계
6. 추후 단계
7. 사례회의

Chapter

4 미술심리치료의 과정

이 장에서는 미술치료 과정이 어떻게 진행되는지, 전화상담과 접수상담, 초기 상담, 중기, 종료 단계까지의 진행과정에 대한 지침을 제공하고자 한다.

내담자 혹은 상담의뢰자인 부모나 교사, 보호자와의 면담을 통해 내담자의 주 호소문제, 생육사, 가족관계, 행동 특성 및 문제점, 타 기관에서의 치료경험, 진단명과 문제 정도, 학교생활이나 친구관계 등에 대해 관찰하고 진단 평가한다.

1 전화의뢰

미술치료의 시작은 대부분의 경우 전화의뢰에서 시작된다. 내담자가 성인일 경우는 본인이 전화하거나 주위의 친인척이나 지인이 전화하게 되고, 아동일 경우는 대부분 부모나 교사에 의해 치료를 의뢰받게 된다. 따라서 전화접촉은 첫 상담 못지않게 중요한 역할을 하게 된다.

내담자의 이름, 연락처, 미술치료를 받고자 하는 동기와 시간약속, 상담시간, 상담료 등에 대해 정확히 이야기한다.

이 시기는 미술치료를 시도하기 위한 약속을 하는 시기이므로, 주 호소문제나 생육사를 상세하게 들을 필요는 없다.

전화의뢰 시 다음의 몇 가지에 유의해서 실시하는 것이 중요하다.

- 치료사의 전문가로서의 자질에 대해 내담자가 신뢰할 수 있어야 한다.
- 전화는 얼굴을 보지 않고 언어로써 전달되는 체계이므로 내담자에게 치료사의 치료에 대한 전문성이 전해질 수 있어야 한다.
- 전화로 이야기하는 가운데 내담자나 의뢰자가 미술치료에 대한 신뢰가 있어야 하며, 치료사에 대한 신뢰 형성이 가장 중요하다.
- 전화 접촉 시에 내담자의 간단한 호소 문제를 들어본 후 미술치료를 받지 않아도 되는 발달상의 자연스러운 문제로 판단된다면, 이때에는 치료사가 가이드를 제공하도록 한다.

- 미술치료에 대한 간단한 소개를 하고 첫 면담을 위한 약속시간과 장소를 정한다.

2 첫 면담

첫 면담(intake) 시간은 내담자의 인적사항, 주 호소문제, 가족관계 등을 치료사와 함께 나누는 시간이다. 또한 이 시기에 누가 참여할지를 결정하는 것도 중요하다. 첫 면담에는 가족이 모두 참여하는 경우, 부모와 만나는 경우, 아동과 만나는 경우, 부모와 아동을 따로따로 만나는 경우가 있다(유미숙, 1998).

가족치료적 접근을 하는 치료사는 가족이 상담에 참여할 것을 요구하며, 성인일 경우는 개인면담을 요구할 수 있다.

1) 첫 면담 내용

첫 면담 내용은 아동이 의뢰된 경우에 있어서 필요한 부분이다.

2) 부모 면담 내용

- 진짜 내담자가 누구인지 정하기
- 비밀보장의 문제 논하기
- 부모의 정보를 자녀에게 노출시키는 방법에 대해 부모에게 알려주기

3) 아동 면담 내용

- 비밀보장에 대한 인식
- 치료사 소개하기
- 의뢰된 문제에 대한 인식
- 가족관계와 가족역동 파악
- 학교생활에 대한 정보 탐색
- 치료목표 설정

3 초기 단계

모든 상담과 심리치료의 초기 단계에서 이루어야 할 목적은 관계 형성이다. 치료사 또는 상담자와 내담자 간의 관계 형성은 이후 심리치료 기간 동안 많은 영향을 미치며 궁극적으로는 치료와 상담의 성과에 연관이 있기 때문이다.

첫 관계 형성은 내담자의 신뢰와 친밀감, 흥미 유발에 지대한 영향을 준다.

첫 시간은 서로를 소개하고 탐색하며 일시적으로 수용하는 단계로, 치료사와 내담자 사이에 안전하고 보호적인 관계를 형성하고, 치료적 동맹을 통해 친밀한 관계가 되도록 하는 것이 무엇보다 중요하다.

목표를 정하고 이러한 과정을 거치면서 상담기간에 대한 계획과 상담에서 다루어야 할 문제 등을 재검토한다. 또한 치료사나 내담자가 서로를 탐색하는 시간이므로 지나치게 질문이나 해석을 하는 것은 피한다.

상담의 초기 단계는 내담자와 라포 형성이 매우 중요하며 신뢰도가 높은 관계 형성을 위한 노력을 기울여야 한다. 또한 치료사와 내담자가 서로를 탐색하는 과정으로 치료사는 내담자가 한계를 지킬 수 있도록 수용적인 태도를 보이면서 도와줄 능력이 있는 사람으로 인식되어야 한다.

4 중기 단계

심리치료 중기의 목적은 표출이다. 일상생활에서 표출되지 못하고 억압되었던 것들이 외현적으로 표현되는 것으로 문제가 되는 증상이 치료되는 중요한 과정이다. 사회적 또는 스스로 받아들이기 힘든 자신의 욕구가 표출되고 정화되도록 하며, 이를 자신이 받아들이고 스스로에 대한 인식을 새롭게 하는 중요한 시기이다. 그러므로 중기에는 자아개념과 표현력을 향상시킬 수 있는 프로그램이 제시되는 것이 바람직하다.

상담의 전 과정을 통해 갈등을 해결하고 변화를 야기하게 되지만 중기과정에서 분명하게 나타나게 된다. 중기과정은 상담과정의 대부분을 차지하는 긴 기간으로 자신의 문제의 본질을 이해하고 앞으로 나아갈 방향을 결정하게 된다(김순혜, 2001).

미술치료가 지속되면서 치료사와 내담자는 친밀한 관계를 맺게 되며, 신뢰감이 형성되어 간다. 내담자는 상담실이 자기만의 공간이며, 치료사는 내담자를 위한 존재라는 인식이 들면서 부정적인 감정이 자연스럽게 드러나기 시작한다. 내담자는 중기과정 동안 부정적인 반응을 보이는데, 이를 어떻게 극복하느냐에 따라 치료의 성패가 좌우된다.

또한 중기 단계에서 내담자는 부모와의 관계에서 왜곡되거나 결핍된 부분을 보충하고 수정하는 과정을 경험하게 되고, 해석을 통해 자신의 과거에 일어났던 사건을 재통합하고 성장하게 된다. 즉, 내담자는 치료사와의 적절한 치료적 관계를 통해 재창조하도록 계획된 변화과정을 통해 치료가 되며, 해석을 통해 성장하게 된다.

5 종결 단계

미술치료의 후반부에는 적극적인 표현과 현실감을 높이는 프로그램을 제시하여 프로그램의 종결을 준비하도록 한다. 전시회를 열거나 치료회기들을 돌아보는 시간을 가져 자신의 변화를 스스로 확인할 수 있으면 더욱 좋다. 지나온 변화와 함께 앞으로의 포부를 펼친다면 사후회기에서 다룰 수 있는 목표를 설정할 수 있다.

내담자가 현실의 문제를 해결할 수 있고, 치료 초기에 설정한 목표에 도달했으면 치료를 종료할 수 있다. 상담의 초기 문제는 해결이 되었으나, 또 다른 문제가 발생할 수도 있는데, 이때는 일단 종료하고 다음 주제에 대해 새로운 목표를 세워 상담을 진행하는 것이 도움이 된다. 내담자도 자신의 현실적 문제가 해결되었거나, 이로 인하여 변화를 도모할 수 있다고 판단되고, 이러한 변화가 지속될 수 있다고 판단되었을 때 종결할 수 있다.

종결은 또 다른 의미에서 이루어질 수 있다. 즉, 다른 미술치료사에게 내담자를 의뢰할 때 전 치료사와 종결을 하고 다른 치료사에게 의뢰되어야 한다. 내담자는 새로운 상황을 받아들여야 하기 때문에 3회기 정도의 종료 준비를 하고 진행하는 것이 좋다.

또한 치료가 진행되는 과정에서 치료가 제대로 이루어지지 않거나, 치료사의 여건이가 치료에 방해가 되거나, 내담자가 원하거나, 아동상담일 경우 부모가 종결을 요구할 때 등의 경우는 치료가 중단된다. 그러나 어떠한 경우라도 합의 하에 종결의 과정을 이끄는 것이 중요하다.

6 추후 단계

추후 단계는 미술치료와 상담 프로그램이 종결된 후 내담자가 환경에 안착하는지를 판단하고 돕는 것이 목적이다. 내담자의 불안이 적응에 영향을 미치고, 이를 극복하기 어려울 경우 대처할 수 있어야 하며, 다시 적응적 욕구를 촉발할 수 있도록 돕는 것이 치료사의 임무이다.

이 시기에는 미술치료 과정에서 촉발된 내담자의 내적 에너지가 충분히 발현되고 있는지 살피고 내담자 스스로 환경에 적응해야 하는 불안을 견딜 수 있는지 살펴야 한다.

초기 단계와 종결 단계에서 사전 · 사후검사로 HTP, K-HTP, 어항 가족화 등을 사용하였다면 추후 단계에서도 같은 프로그램을 활용함으로써 변화를 한눈에 확인할 수 있다.

7 사례회의

사례회의(case conference)는 미술치료 과정에서 아주 중요한 부분으로 슈퍼비전의 한 형태이다. 미술치료사는 반드시 슈퍼비전, 즉 임상감독을 지도받는 것이 중요하며 그중 하나의 방법이 사례분석을 통한 지도를 받는 것이다(Malchiodi & Riley, 1996).

사례회의의 궁극적 목적은 내담자의 변화를 도모하는 것이지만 다른 하나의 목적은 치료사의 전문성과 성숙에 더 큰 도움을 주고자 하는 데 목적이 있다. 사례회의는 치료사가 자신의 사례진행을 기록하여 다른 전문가들과 함께 자신의 사례를 분석하고, 상담진행이 잘 이루어지고 있는지를 살펴봄으로써 더욱 성숙된 상담으로 갈 수 있는 적극적인 방법이다. 먼저 미술치료사는 미술치료를 시작하면서 접수면접부터 사례정리를 하여 사례회의에 참여하는 것이 가장 바람직하다.

MEMO

Chapter 5

미술심리치료의 진단

1. 그림검사의 이해
2. 집-나무-사람
3. 동적 집-나무-사람
4. 빗속의 사람
5. 동적 가족화
6. 동물 가족화
7. 어항 가족화
8. 동그라미 중심 가족화
9. 동적 학교생활화
10. 풍경 구성법

Chapter

5 미술심리치료의 진단

1 그림검사의 이해

1) 그림검사의 과정

그림검사는 내담자가 검사에 반응하는 자신의 성격이나 갈등이 나타난다고 할 수 있다. 내담자가 반응을 어떻게 조직하고 구성하는가, 그림자극을 어떻게 인지하는가, 설명을 하는가에 따라서 내담자의 심리적 특성과 밀접하게 관련된다고 볼 수 있다.

2) 그림검사의 특성

(1) 검사 반응의 독특성

그림검사 반응은 초기면담이나 행동관찰 등 객관적 검사반응과 다르게 독특한 반응을 제시해 주며, 내담자 개인의 심리를 이해하는 데 매우 유용하다.

(2) 검사 반응의 다양성

그림검사 자극이 모호하고 검사에 대한 방법이 제한되지 않기 때문에 내담자 개인의 그림검사 반응이 다양하게 표현되며, 검사반응의 다양성이 개인의 심리적 특성을 반영해 준다.

(3) 무의식적 내용의 반응

그림검사 자극 반응이 매우 강렬하여 평소에는 의식화되지 않았던 감정이나 사고가 자극됨으로써 무의식적인 심리적 특성이 반영될 수 있다.

(4) 심리적 방어의 어려움

그림검사 반응 과정에서 내담자는 모호하고 불분명한 검사 자극에 부딪혀서 방어를 하기 어렵다. 그림자극의 내용이 모호하기 때문에 자신의 그림에 대한 내용을 검토하고, 내담자 자신이 의도한 대로 예측해서 방어하는 것은 어렵다.

2 집-나무-사람

집-나무-사람(HTP : House-Tree-Person) 검사는 A4용지 4장에 집, 나무, 사람(여성, 남성)을 그리는 것이다. 일반적인 그림검사보다는 집-나무-사람을 그리게 하는 것이 내담자의 성격을 이해하는 데 효과적이라고 생각하여 버크(Buck, 1948)가 집-나무-사람 그림을 발달적, 투사적인 측면에서 연구했다.

1) 목 표

내담자의 현재 심리 상태와 성격, 가족에 대한 지각을 알아본다.

2) 준비재료

A4용지 4장, 4B연필, 지우개

3) 실시방법

① A4용지 한 장을 가로로 주면서 "집을 그려주세요"라고 말한다.

② 집을 그리고 나면 A4용지 한 장을 세로로 주면서 "나무를 그려주세요"라고 말한다.

③ 나무를 그리고 나면 A4용지 한 장을 세로로 주면서 “사람을 그려주세요. 사람을 그릴 때 막대나 만화와 같은 인물상을 그리지 말고 완전한 사람의 모습을 그려주세요”라고 말한다.

④ 사람을 그리고 나면 A4용지 한 장을 세로로 주면서 “이전에 그린 사람과 다른 이성을 그려주세요”라고 말한다.

⑤ 집, 나무, 사람을 모두 그리고 나면 그림에 대한 질문을 한다.

4) 질문 및 해석

질문 및 해석기준은 〈부록 1〉에 제시되어 있다.

5) 상담적용 방법

내담자가 그림을 그릴 때 치료자는 그림 그리는 과정을 관찰한다. 무엇을 그리기 시작하는지, 어느 부분을 망설이는지, 그림을 그리는 시간은 어느 정도인지 등 내담자의 비언어적인 단서를 관찰하여 상담과정에서 이야기를 나눈다. 또한 그림을 그리고 난 후 그림만 보고 진단하고 평가하는 것은 매우 위험하다. 그림을 그리고 난 후, 내담자가 표현하고자 하는 의미를 알기 위해서는 내담자에게 그림에 대한 질문을 하는 것이 중요한 역할을 한다.

질문내용은 검사자의 필요에 따라 실시하는 것이 좋으며, 일정한 형식은 없다. “자신의 그림을 보고 느끼고 생각하는 것을 이야기해 주세요”라고 질문한다.

|그림 5-1| 집-나무-사람

3 동적 집-나무-사람

동적 집 – 나무 – 사람(K – HTP : Kinetic House – Tree – Person) 검사는 A4용지 한 장에 집, 나무, 사람 그림을 모두 함께 그리는 것으로 집 – 나무 – 사람 그림에 대해 전체적으로 볼 수 있다.

1) 목 표

내담자의 성격과 내면의 심리 상태를 보다 역동적이고 효과적으로 파악할 수 있다.

2) 준비재료

A4용지 1장, 4B연필, 지우개

3) 실시방법

① A4용지 한 장을 내담자에게 가로로 준다.

② 제시한 내용에 따라 그림을 그리도록 한다.

설명하기

"종이 위에 집, 나무를 그리고 무엇을 하고 있는 완전한 사람의 모습을 그려주세요. 그림을 그릴 때 만화나 막대기와 같은 사람이 아닌 완전한 사람의 모습을 그려주세요."

③ 내담자가 그림을 완성하고 난 후, 질문을 하고 내담자와 이야기를 나눈다.

질문하기

- 그림의 느낌은 어떤가요?
- 이 집은 누구의 집인가요?, 살고 싶은 집인가요?, 집에 들어갈 수 있나요?
- 사람은 어떤가요?, 좋아하는 사람입니까?, 싫어하는 사람입니까?
- 나무는 살아 있나요?, 죽었나요?, 나무는 마음에 드나요? .

4) 상담적용 방법

K-HTP 검사는 HTP 검사에 비해 상호관계 등 다양한 정보를 얻을 수 있어서 효율적으로 활용할 수 있으나 HTP에 대한 해석기준으로 K-HTP를 실시하는 것이 좋다.

그림의 전체 구성, 조화 등을 고려하여 내담자의 적응성과 사회성을 파악할 수 있다. 질문 과정을 통해 진단으로 그칠 수도 있지만, 해석상담 및 치료를 통하여 내담자와의 상호교류가 이루어진다.

|그림 5-2| 동적 집-나무-사람

4 빗속의 사람

빗속의 사람 그리기(PITR : Person In The Rain)는 인물화에 비가 오는 장면이 추가되는 것으로, 하머(Harmer, 1958)에 의해 개발되었다.

1) 목 표

내담자가 현재 겪고 있는 스트레스의 정도와 대처할 수 있는 능력을 파악한다.

2) 준비재료

A4용지, 4B연필, 지우개

3) 실시방법

① A4용지 한 장을 제시하고 다음의 설명에 따라 그림을 그리게 한다.

설명하기

"비가 내리고 있습니다. 비 오는 장면의 빗속에 있는 사람을 그려주세요.
만화나 막대기 같은 사람이 아닌 전체 사람을 그려주세요."

② 내담자의 질문에 "자유입니다. 하고 싶은 대로 하면 됩니다"라고 말하고 그림 크기나 모양, 위치, 방법에 대해 단서를 주지 않도록 한다.

③ 그림을 그린 후 치료자는 그림 속의 인물이 누구이며, 무엇을 하고 있는지와 그린 순서에 대해 질문하고 기록한다.

④ 그림을 그린 후 그림에 대한 느낌과 생각을 내담자와 이야기를 나눈다.

4) 진단 및 해석

① 빗속의 사람 그림은 인물화를 발전시켜 만든 것으로 인물화의 내용을 참고하여 내담자의 수준에 맞추어 질문을 하는 것이 좋다.

질문하기

- 비의 양은 얼마나 되나요?
- 이 사람은 지금 무엇을 하고 있나요?
- 이 사람의 나이는 몇 살인가요?
- 이 사람을 보면 생각나는 사람이 있나요?
- 이 사람의 기분은 어떤가요?
- 이 사람에게 필요한 것은 무엇인가요?

② 빗속의 사람은 스트레스와 대처능력을 측정하는 기법으로서 내담자의 그림을 보면서 그림의 배경, 현재 겪고 있는 스트레스에 대해 이야기를 나눈다.

③ 내담자가 활용할 수 있는 대처자원은 무엇이며, 자신의 문제를 해결하고 해

소하는 데 얼마나 도움이 되는지, 현재 대처 자원 이외에 개발해야 할 자원은 있는지도 찾아볼 수 있도록 한다.

④ 대처자원은 일상생활에서 직접 활용할 수 있도록 한다.

|그림 5-3| 빗속의 사람

5 동적 가족화

동적 가족화(KFD : Kinetic Family Drawing)는 가족화에 움직임을 첨가한 그림검사로 번즈와 가프만(Burns & Kaufman, 1970)에 의해 개발된 기법이다.

1) 목 표

① 가족 내에서 가족 구성원과 자신에 대한 지각을 파악한다.

② 가족 간의 역동성 상호작용을 파악한다.

2) 준비재료

A4용지, 4B연필, 지우개

3) 실시방법

① A4용지 한 장을 제시하고 다음과 같은 설명에 따라 그림을 그리도록 한다.

설명하기

"자신을 포함하여 가족이 무엇인가 하고 있는 모습의 그림을 그려주세요. 만화나 막대기와 같은 사람이 아닌 전체 사람을 그려주세요. 어떠한 행위를 하고 있는지 자유롭게 그림을 그려주세요."

② 소요 시간은 30분 정도로 시간제한은 하지 않아도 된다.

③ 내담자의 질문에 "자유입니다. 하고 싶은 대로 하면 됩니다"라고 말하고 그림에 대해서는 단서를 주지 않도록 한다.

④ 내담자가 그림을 그리는 동안 치료자는 그림순서나 태도 등 과정을 관찰한다.

⑤ 가족 중에 그리지 않은 사람이 있을 경우는 치료자가 제안하여 나중에 다시 그려넣지 않도록 한다.

⑥ 치료자는 그림을 그린 후 인물의 나이, 그린 순서, 무엇을 하고 있는지, 가족 중에 생략한 사람과 가족 외에 추가해서 그린 사람이 있는지 기록한다.

⑦ 내담자의 그림을 보면서 생각이나 느낌, 가족 간의 관계나 가족의 특성 등에 대해 이야기를 나눈다.

4) 진단 및 해석

① 동적화는 가족화에 움직임을 첨가한 그림검사로 다음과 같이 질문한다.

질문하기

- 그림을 그린 후 어떤 느낌이 드나요?
- 가족 중 누구를 그릴 때 가장 힘이 들었나요?
- 나와 가장 가까운 사람은 누구인가요?
- 평소에 생각하는 가족과 그림에서 나타나는 가족은 어떤 차이가 있나요?.

② 동적 가족화의 해석은 인물의 역동성, 인물상의 행위, 인물상의 특성, 양식, 상징으로 나누어진다. 해석기준은 〈부록 2〉에 제시되어 있다.

5) 상담적용 방법

동적 가족화는 가족이 무엇인가 하고 있는 것을 그리는 것으로 현재의 가족 모습이 나타나기도 하고 이상적인 가족 모습이 나타나기도 하므로 그림 자체만으로 해석하는 것은 오류를 범할 수 있다. 치료자는 내담자의 현재의 상황을 파악하여 생각해 보도록 한다.

치료자가 일방적으로 해석하고 진단하는 것은 매우 위험할 수 있다. 내담자 스스로 자신의 그림을 설명할 수 있도록 해야 한다.

|그림 5-4| 동적 가족화

6 동물 가족화

1) 목 표

가족의 가족 간의 역동성 및 성격 특성을 파악한다.

2) 준비재료

A4용지, 색연필, 풀, 가위, 동물 그림(부록 5)

3) 실시방법

① 가족 구성원의 성격 특성, 가족 내에서의 역할, 위치 등을 생각하게 한다.

② 설명에 따라 가족을 그리고 싶은 동물 모양으로 오려서 붙이도록 한다.

설명하기

"가족이 동물로 변했다고 상상해 보세요. 가족을 어떤 동물로 표현할 수 있을까요? 자신은 물론 가족을 동물로 선택하고 오려서 붙여주세요. 단, 가족을 12지간 띠로 하지 않도록 합니다."

③ 동물 그림을 주고 오려 붙이도록 한다. 같은 동물이라도 크기나 방향, 표정 등이 다를 수 있으므로, 그림을 그리게 하는 것이 내담자로부터 다양한 정보를 파악할 수 있다.

④ 내담자의 질문에 대해서는 "자유입니다. 하고 싶은 대로 하면 됩니다"라고 말해준다. 그림 위치, 모양이나 크기, 그리는 방법에 대해서는 어떠한 단서를 주지 않도록 한다.

⑤ 그림을 그린 후 그림 속의 인물이 누구인지, 나이, 그린 순서, 가족이 무엇을 하고 있는지에 대한 설명을 듣고 내담자와 이야기를 나눈다.

4) 상담적용 방법

① 내담자의 연령과 발달 상태를 고려하고, 성향에 맞게 기법을 선택하여 사용하는 것이 좋다.

② 동물 가족화는 동물이 주는 상징적인 의미가 있으므로 언어능력이 부족한 연령의 어린 유이나 노인의 경우 효과적일 수 있다.

③ 가족 구성원을 어떤 동물로 표현한 배경과 이유에 대해 질문하고 이야기를 나눈다.

④ 가족을 표현하는 데 가장 어려웠던 사람은 누구인지, 어떤 부분이 힘들었는지에 대해 이야기를 나눈다.

⑤ 가족이 자신을 어떤 동물로 표현할 수 있을지 서로 표현이 다르다면 어떤

부분인지에 대해서도 이야기를 나눈다.

⑥ 내담자가 보였던 행동에 대해서도 치료자가 관찰한 과정에 대한 이야기를 나눈다. 예를 들면, 가족 중에 누군가의 그림을 붙이면서 망설였는지, 어떤 부분에서 어려움이 있었는지 이야기를 나누고 내담자의 마음을 충분히 수용해 줄 필요가 있다.

|그림 5-5| 동물 가족화

7 어항 가족화

1) 목 표

가족 간의 역동성 및 가족의 성격 특성을 파악한다.

2) 준비재료

A4용지, 4B연필, 지우개, 어항 그림(부록 6)

3) 실시방법

① 가족 구성원의 역할, 성격, 가족 내에서의 위치를 생각한다.

② 지시사항에 따라 가족을 물고기 모양으로 그리도록 한다.

설명하기

"가족이 물고기로 변했다고 상상해 보세요. 가족을 어떤 물고기로 표현할 수 있을까요?

자신은 물론 가족을 물고기로 그려보세요. 추가해서 그리고 싶은 그림이 있으면 그려주

세요."

③ 그림을 그리지 못할 경우에는 물고기 그림을 오려 붙이도록 하지만, 가능한 한 그리도록 한다. 같은 물고기라도 크기나 표정, 방향 등이 다를 수 있으므로 직접 그리는 것이 내담자로부터 다양한 정보를 파악할 수 있다.

④ 그림 모양이나 위치, 크기, 방법에 대해서는 단서를 주어서는 안 되며, 내담자의 질문에는 "자유입니다. 하고 싶은 대로 하세요"라고 말해준다.

⑤ 그림을 그린 후 그림 속의 인물이 누구인지, 그린 순서에 대해 이야기를 나눈다.

⑥ 내담자의 그림에 대한 설명을 듣고 질문을 통해 내담자와 이야기를 나눈다.

4) 상담적용 방법

① 각 기법마다의 특성이 있으므로 내담자의 발달 상태와 연령, 성향에 맞게 선택하여 사용하는 것이 좋다.

② 어항 가족화는 물고기가 주는 상징적인 의미가 있으므로 언어능력이 부족하고 연령이 어린 유아와 아동의 경우 효과적일 수 있다.

③ 가족을 특정 물고기로 표현한 배경과 이유에 대해 질문하고 이야기를 나눈다.

④ 가족을 표현하는 데 있어 가장 어려웠던 사람은 누구인지, 어떤 부분이 힘들었는지에 대해 이야기를 나눈다.

⑤ 가족 구성원들이 자신을 어떤 물고기로 표현하는지에 대해 생각해 보고, 서

로 표현이 다르다면 어떤 부분인지에 대해서도 이야기를 나누어 보도록 한다.

⑥ 치료자가 관찰하는 과정에서 내담자가 보였던 행동에 대해서도 이야기를 나누는 것이 좋다.

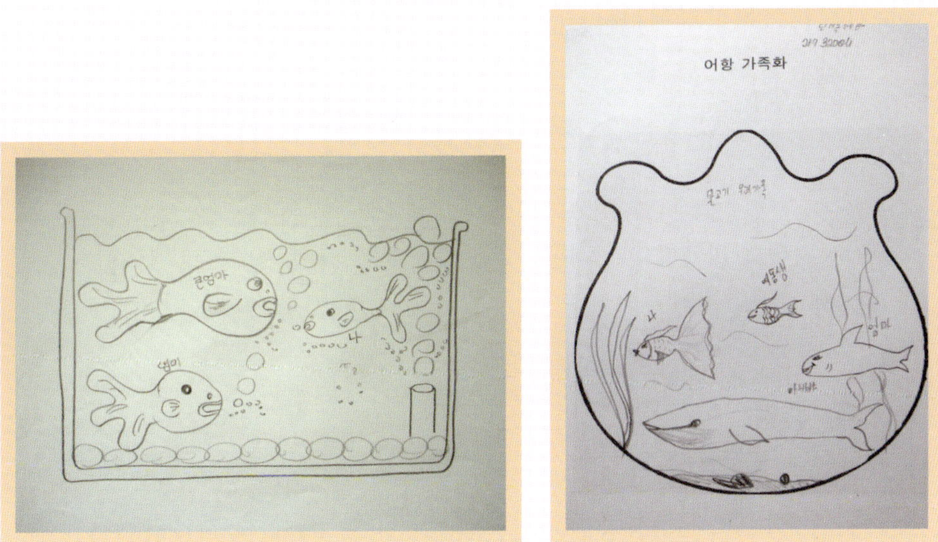

|그림 5-6| 어항 가족화

8 동그라미 중심 가족화

동그라미 중심 가족화는 번즈(Burns)에 의해 개발된 그림검사이다. 동그라미 중심 가족 그림은 '가족단위관계' 아버지, 어머니, 자신을 각각 따로 그려서 분석하는 방법(FCCD : Family-Centered-Circle Drawing)과 '부모자기관계 중심' 부모상과 자기상을 한꺼번에 원 안에 그려서 분석하는 방법(PSCD : Parent-Self-Centered Drawing)이 있다. PSCD는 부모-자녀 관계를 더 명확히 진단할 수 있으므로 여기에서는 PSCD에 대해 알아본다.

1) 목 표

부모와 자신의 관계를 파악하고, 그 관계를 통해 자기 자신을 이해한다.

2) 준비재료

동그라미(직경 19.1~22.9cm)가 그려진 A4용지(부록 7), 4B연필, 지우개

3) 실시방법

① 원을 그린 종이를 제시하고 다음의 설명에 따라 그림을 그리게 한다.

설명하기

"원 안에 아버지와 어머니 그리고 자신의 모습을 그려주세요. 단, 만화나 막대기와 같은 사람을 그리지 말고 완전한 사람을 그려주세요. 원 안에 아버지, 어머니, 자신을 그려주고 원 주위에 아버지, 어머니, 자신과 관련하여 연상되는 것을 그려주세요."

② 부모와 자신에 대해 연상되는 상징물을 원 주위에 그리게 한다.

③ 시간제한은 하지 않아도 되지만, 30분 정도 소요된다.

④ 질문에 대해서는 "자유입니다. 원하는 대로 그려주세요"라고 대답하고 그림에 대한 단서를 주어서는 안 된다.

⑤ 그림을 그린 후 그림에 대해 질문하고 자신이 생각하는 부모의 특성과 부모와의 관계 등에 대해 이야기 나눈다.

4) 진단 및 해석

동그라미 중심 가족화 해석은 얼굴의 표정, 인물상의 상대적 크기, 인물상의 위치, 인물상 간의 거리, 신체 각부의 생략과 강조, 인물상 바로 위의 상징, 기준으로 살펴볼 수 있다.

5) 상담적용 방법

동적 가족화는 가족이 무엇인가 하고 있는 모습의 그림을 그리는 것으로 가족 간의 상호작용이나 역동성을 파악하는 데 비해 동그라미 중심 가족화는 부모와 자신만을 그리는 것으로 부모-자녀 관계를 파악한다. 치료자는 목적에 따라서 적절한 기법을 사용해야 한다.

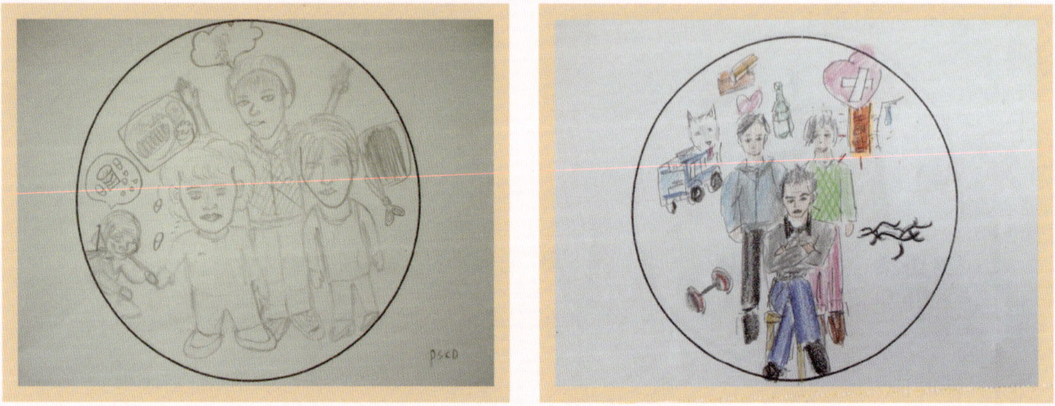

|그림 5-7| 동그라미 중심 가족화

9 동적 학교생활화

동적 학교생활화(KSD : Kinetic School Drawing)는 크노프와 프라우트(Knoff & Prout, 1988)에 의해 개발된 것으로 학교에서 아동과 관계되는 인물, 자신과 친구들, 선생님이 무엇인가 하고 있는 모습의 그림을 그리게 하여 친구와 선생님에 대한 아동의 지각을 측정하는 그림검사이다.

1) 목 표

학교생활에서의 친구, 선생님과의 상호관계 및 학업성취도를 파악할 수 있다.

2) 준비재료

A4용지, 4B연필, 지우개

3) 실시방법

① 치료자가 A4용지와 연필, 지우개를 제시해 주고 그림을 그리도록 한다.

설명하기

"자신을 포함하여 선생님과 친구들이 학교에서 무엇인가 하고 있는 모습을 그려주세요. 단, 만화나 막대기와 같은 사람이 아닌 완전한 사람을 그려주세요."

② A4용지의 방향은 자유롭게 선택하도록 하며 시간은 30분 정도 소요된다.

③ 그림을 그리는 도중 질문에 대해서는 "자유입니다. 원하는 대로 그려주세요"라고 하고 단서는 주지 않도록 한다.

④ 그림을 그린 후 그림 속의 인물은 누구이며, 그린 순서와 무엇을 하고 있는지에 대해 질문을 하고 기록한다.

⑤ 내담자의 그림을 보면서 친구와의 관계, 선생님과의 관계, 학교생활에 대해 질문하고 이야기를 나눈다.

4) 상담적용 방법

학생의 경우 학교생활에서 선생님과의 관계, 친구들과의 관계는 매우 중요하다. 그림을 통하여 학교생활의 적응성이나 선생님과 친구들과의 관계를 탐색하고, 상담을 통하여 학교생활에 적응하고 긍정적인 변화를 가져올 수 있도록 대처방법이나 해결방안을 찾아보고 실천할 수 있도록 한다.

질문하기

- 학교생활이 즐거운가요? 어려운가요?
- 학교생활에서 어떤 부분이 어려운가요?
- 친구나 선생님과의 관계가 원만하지 못할 경우는 어떤 요인이 있나요?
- 학교생활에 적응하기 위해서는 어떤 부분이 변해야 할까요?
- 관계개선을 위해 자신이 할 수 있는 것은 무엇인가요?

이렇게도 해보세요

유치원 아동의 경우는 유치원 생활을 그릴 수도 있으며, 성인의 경우는 직장 생활, 군인의 경우는 군 생활 등 소속집단에서의 생활적응성을 파악할 수도 있다.

|그림 5-8| 동적 학교생활화

10 풍경 구성법

풍경 구성법(LMT : Landscape Montage Technique)은 1969년에 나카이 교수에 의해 개발되었다. 모래상자 요법의 적용 가능성을 결정하는 예비검사로 정신분열증 환자를 대상으로 실시하였으나, 진단 및 치료기법으로 활용되고 있다.

1) 목 표

내담자의 치료 가능성을 평가하고, 의식과 무의식을 탐색한다.

2) 준비재료

8절 도화지, 검정 사인펜, 크레파스 또는 색연필

3) 실시방법

① 용지에 치료자가 검정 사인펜으로 테두리를 그려서 내담자에게 준다.

② 10가지 순서대로 지시에 따라 그림을 그리게 한다.

설명하기

"풍경화를 그리려고 합니다. 말하는 순서대로 그려주세요. 단, 그림을 잘 그리는 것은 중요하지 않습니다. 10개의 항목 순서대로 그려서 풍경화를 그리도록 합니다."

③ 내담자에게 10개의 항목을 순서대로 불러준다.

④ 강, 산, 논 또는 밭, 길, 집, 나무, 사람, 꽃, 동물, 돌을 순서대로 불러주고 검정 사인펜으로 풍경화를 그린다. 단, 그림을 그릴 때 10가지를 미리 제시하지 말고 하나씩 불러주도록 한다.

⑤ "추가로 더 그리고 싶은 것이 있으면 그려주세요"라고 말한다.

⑥ 그림을 그린 후 반드시 색칠해야 하는 것은 아니지만, 원하면 색칠하도록 한다.

⑦ 그림이 완성된 후 그림을 보면서 이야기를 나눈다.

4) 진단 및 해석

① **강** : 무의식을 알 수 있다. 내담자는 물이 넘쳐흐르는 그림을 그리며 물이 세차게 흐르는 큰 강을 그리는 경우 무의식에 지배되어 있는 경우가 많다.

② **산** : 내담자의 앞으로의 주어진 상황에 대한 전망을 나타내며, 극복해야 할 문제의 수를 나타내기도 한다.

③ **논(밭)** : 내담자의 마음이 지향하고 있는 시기를 암시한다. 의무나 과제와

관련이 있으며 학생의 경우 면학과도 관계가 있다.

④ 길 : 의식 영역을 나타내며, 인생의 방향을 암시한다. 길이 다리와 연결된다면 안심할 수 있다.

⑤ 집 : 어린 시절 성장해 온 가정상황을 나타낸다. 내담자의 가정환경과 가족관계에 대한 인지와 태도, 감정을 나타낸다. 현재 가정에 대한 시각뿐만 아니라 미래에 원하는 가정을 나타내기도 한다.

⑥ 나무 : 자아상을 나타내는 것으로 내담자가 자신의 마음의 상태를 어떻게 느끼고 있는가를 나타내며 내담자의 정신적 성숙도의 정도를 나타낸다.

⑦ 사람 : 자아상이나 이상상을 나타내며, 의미 있는 사람, 어떻게 사람을 인지하고 있는가를 나타낸다.

⑧ 꽃 : 성장 · 발달을 상징하며, 사랑과 아름다움을 상징하기도 한다. 여성성을 강조하는 경우에 그리는 일이 많다.

⑨ 동물 : 동물 자체의 상징성을 나타낸다. 등교거부 아동은 소나 말을 그리는 경향이 있고, 대인공포증 환자나 불면증 환자는 토끼를 그리는 경향성이 있다.

⑩ 돌 : 냉정함, 단단함, 불변성을 나타내며, 큰 돌이나 큰 바위는 전방을 가로막고 있으면 짐이 되고 장애가 되는 어려움을 나타낸다.

5) 상담적용 방법

풍경 전체의 느낌이 중요하다. 치료사는 작품을 평가하지 않도록 하며, 치료자와 내담자가 서로 교류하는 것이 중요하다.

다음의 내용에 대해 내담자와 치료자가 서로 이야기를 나누면서 상호작용을 한다.

질문하기

- 풍경의 느낌은 어떤가요? 마음에 드나요?
- 계절과 날씨는 어떠한가요?
- 강은 깊나요? 강, 바다의 흐름은 어디에서 어디로 흘러가나요?
- 저편에 있는 산 너머에는 무엇이 있나요?
- 인물은 무엇을 하고 있나요?
- 자유롭게 그린 것은 무엇입니까?

|그림 5-9| 풍경 구성법

Chapter 6

미술심리치료의 기법

1. 내 마음 가는 대로 그려봐요 〈개인 난화 그리기〉
2. 우리들 마음 가는 대로 그려봐요 〈집단 난화 그리기〉
3. 마음대로 표현해 봐요 〈손으로 그리기〉
4. 색으로 말해봐요 〈색소금 만들기〉
5. 내 마음을 풀어봐요 〈습자지 꾸미기〉
6. 내 마음의 스펙트럼 〈물들여서 꾸미기〉
7. 나를 보여줘요 〈가면 만들기〉
8. 나의 장점을 찾아봐요 〈석고 손 만들기〉
9. 어린 시절의 집 〈집 만들기〉
10. 라이프 스토리 〈책 만들기〉
11. 꿈꾸는 나 〈신체 꾸미기〉
12. 내 마음을 비워봐요 〈배 만들기〉
13. 무인도에서 살아남기 〈섬 만들기〉
14. 소망을 담아봐요 〈나무 만들기〉

Chapter

6 미술심리치료의 기법

1

내 마음 가는 대로 그려봐요
〈개인 난화 그리기〉

개요	'내 마음 가는 대로 그려봐요'는 난화에서 보이는 이미지를 찾아내고 자신의 경험이나 기분을 떠올리게 함으로써 부담감을 줄이고 무의식과 접촉할 수 있는 기회를 제공한다.
주제	자기탐색과 자기이해
목표	내담자의 심리적 이완을 촉진시킨다.
대상	유아, 아동, 청소년, 성인, 노인
매체	도화지 2장, 4B연필, 크레파스
진행 과정	❶ 그동안의 감정을 나눈 후 작업에 대한 내용을 소개하고 활동 목적을 이야기한다. ❷ 4B연필로 도화지를 가득 채울 만큼 낙서하듯 자유롭게 난화를 그려본다. ❸ 난화를 그린 후 자신의 그림을 바라본다. ❹ 눈을 감고 표현된 난화를 통해 떠오르는 이미지가 있는지 살펴본다. ❺ 떠오르는 이미지를 다른 도화지에 그려본다. ❻ 이미지와 연관된 배경의 그림을 추가하여 완성한다. ❼ 작품의 제목을 정하고 난화를 그릴 때의 느낌과 떠오른 이미지에 대해 이야기한다. ❽ 작품을 감상하고 내담자와 서로의 느낌을 나눈다.

상담적용 과정

활동 전 설명하기

- 낙서를 해본 적이 있나요?
- 낙서를 언제 하게 되나요?
- 어릴 때의 마음으로 자유롭게 낙서를 해보세요.

활동 후 소통하기

- 낙서를 했을 때의 기분은 어떠했나요?
- 난화를 통해 이미지를 찾아보세요.
- 이미지의 기억으로 돌아간다면 그때의 기분은 어떠한가요?
- 난화에 대한 나의 감정은 어떠한가요?

관찰하기

- 어떠한 반응을 보이는가? 낙서를 어려워하는가?
- 난화에서 이미지 떠올리기를 어려워하는가?
- 이미지와 연관된 자신의 경험에 대해 방어적인가?

이렇게도 해봐요

- 개인 난화뿐만 아니라 집단 난화로도 활용할 수 있다.
- 매체를 물감, 색종이, 점토 등으로 다양하게 표현할 수 있다.

활동 사례

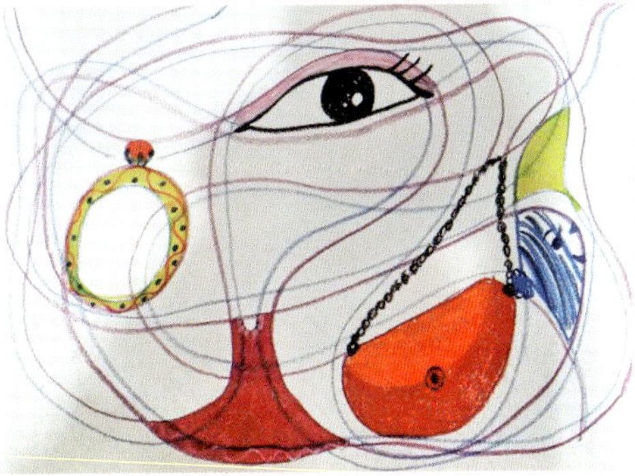

2

우리들 마음 가는 대로 그려봐요 <집단 난화 그리기>

개요	'우리들 마음 가는 대로 그려봐요'는 집단원들이 친밀감을 형성하고 난화로 자유롭게 표현하며 심리적 이완을 경험하도록 돕는다. 집단원들이 이미지를 찾고 이야기를 만드는 과정을 통해 관계 형성의 방법 및 집단의 특성 등을 알아갈 수 있는 기회를 제공한다.
주제	집단탐색과 이해
목표	친밀감 형성 및 심리적 이완을 촉진시킨다.
대상	아동, 청소년, 성인, 집단
매체	전지, 4B연필, 크레파스
진행 과정	❶ 그동안의 감정을 나눈 후 작업에 대한 내용을 소개하고 활동 목적을 이야기한다. ❷ 전지 위에 4B 연필로 자유롭게 난화를 그린다. ❸ 집단원들이 선택한 색이 서로 겹치지 않도록 각자 마음에 드는 한 가지 색의 크레파스를 선택한다. ❹ 집단원들은 서로 도움을 주고 받으며 집단 난화 속에 숨겨진 이미지를 찾아서 크레파스로 그려준다. ❺ 집단원들은 서로 의논하여 이미지를 활용한 이야기를 만들어 본다. ❻ 집단원들은 난화작업을 하면서 느낀 감정과 마음에 남는 것들에 대해 이야기를 나눈다.

상담적용 과정

활동 전 설명하기

- 낙서를 해본 기억이 있나요?
- 어떨 때 낙서를 하게 되나요?
- 한 가지 색을 선택해 보세요.
- 전지에 사용하여 4B연필을 사용해 마음껏 낙서를 시작해 보세요.

활동 후 소통하기

- 낙서를 할 때의 기분은 어떠했나요?
- 난화를 통해 무엇이 보이나요?
- 난화를 자유롭게 그리기가 힘든 점은 없었나요?
- 이야기를 만드는 과정은 어떠했나요?
- 난화를 통한 나의 감정은 어떠한가요?

관찰하기

- 활동을 할 때 어떠한 반응을 보이는가?
- 다른 사람의 영역을 허락 없이 침범하는가?
- 각 개인이 활동한 색의 분포도는 어떠한가?
- 집단원들과 개인의 에너지 수준은 어떠한가?

- 난화에서 이미지 찾기를 어려워하는가?
- 이야기 만들기를 할 때 주도적인가? 순종적인가?

이렇게도 해봐요

- 도화지를 여러 장 연결하여 활동 범위를 확장하고 전체 집단 난화작업으로 활용할 수 있다.
- 난화를 그릴 수 있는 매체를 물감, 색종이, 점토 등으로 다양하게 확대 적용할 수 있다.

활동 사례

3

마음대로 표현해 봐요
<손으로 그리기>

개요	'마음대로 표현해 봐요'는 수채화 물감을 이용하여 자유로운 표현을 하는 활동으로 심리적 · 신체적 이완과 안정감을 느낄 수 있도록 한다. 무의식의 욕구를 충족시키고 손으로 그리기를 통해 자신의 마음을 들여다볼 수 있는 기회를 제공한다.
주제	자기이해와 긍정적인 자아상과의 만남
목표	심리적 · 신체적 이완을 촉진시킨다.
대상	유아, 아동, 청소년, 성인, 노인
매체	하드보드지, 수채화 물감, 풀, 종이접시
진행 과정	① 그동안의 감정을 나눈 후 작업에 대해 소개하고 활동의 목적을 이야기한다. ② 여러 색의 물감을 풀과 함께 사용하여 일회용 접시에 섞어본다. ③ 풀과 함께 섞인 물감을 손가락으로 자유롭게 그림을 그려본다. ④ 손 그림에 대한 이미지를 떠올려 본다. ⑤ 작품을 감상한 후 떠오르는 이미지에 대해 이야기를 나눈다.

상담적용 과정

활동 전 설명하기

- (음악을 들려주며) 현재 느끼는 감정을 표현해 봅시다.
- 손가락을 사용해서 자유롭게 표현해 볼까요?

활동 후 소통하기

- 손가락을 사용했을 때 느낌이 어땠나요?
- 그림을 보고 어떤 이미지가 떠오르나요?
- 손가락 그림을 완성한 후 기분은 어떤가요?

관찰하기

- 매체에 대한 접근은 어떠했는가?
- 촉감자극에 대한 반응은 어떠한가?
- 손 그림에서 이미지를 떠올리기 힘들어했는가?

이렇게도 해봐요

- 손가락 외에 다른 신체 부위를 사용하여 표현하는 시간을 가진다.
  (발, 손바닥, 팔꿈치 등)
- 여러 장의 도화지를 이용하여 집단원들과 공동작업으로 할 수 있다.
- 개인 작업뿐만 아니라 집단 작업으로도 활용할 수 있다.

활동 사례

4

색으로 말해봐요
<색소금 만들기>

개요	'색으로 말해봐요'는 소금을 이용한 작업으로 내적 사고와 자아를 탐색하는 활동이다. 촉각적인 감각을 활성화시키고 심신이완을 돕는 데 효과적이다.
주제	자아탐색과 정서표출
목표	내면탐색과 심신을 이완시킨다.
대상	유아, 아동, 청소년, 성인, 노인
매체	A4용지, 꽃소금, 파스텔, 뚜껑이 있는 유리병, 뜰채
진행 과정	❶ 그동안의 감정을 나눈 후 작업에 대해 소개하고 활동 목적을 이야기한다. ❷ 소금을 만지면서 자신의 마음을 탐색한다. ❸ A4용지 위에 원하는 색의 파스텔을 문질러 가루를 낸 후 소금과 섞는다. ❹ 자신의 마음에 있는 버리고 싶은 마음과 가지고 싶은 마음의 색을 생각한다. ❺ 색이 입혀진 소금을 유리병 안에 담는다. ❻ 완성된 작품을 감상하고 활동 과정을 통해 느낀 감정에 대해 이야기를 나눈다.

상담적용 과정

활동 전 설명하기

- 자신의 감정과 연관된 색을 찾아 소금에 파스텔로 물들여 볼까요?
- 투명 유리병 안에 자유롭게 색소금을 채워보세요.

활동 후 소통하기

- 활동과정 중 감정의 변화가 있었나요?
- 버리고 싶은 마음은 무엇인가요?
- 가지고 싶은 마음은 무엇인가요?
- 완성된 작품을 보고 어떤 느낌이 드나요?

관찰하기

- 촉감자극에 어떠한 반응을 보이는가?
- 어떤 색을 중점적으로 사용하는가?
- 완성된 자신의 작품에 대한 만족도는 어떠한가?

이렇게도 해봐요

- 촉감자극에 민감한 참여자를 위해 소금 대신 설탕을 이용할 수 있다.
- 쪽지에 소원이나 목표를 적어 색소금 사이에 넣음으로써 타임캡슐로 활용할 수 있다.
- 개인 작업뿐만 아니라 집단 작업으로도 활용할 수 있다.

활동 사례

5

내 마음을 풀어봐요
<습자지 꾸미기>

개요	'내 마음을 풀어봐요'는 연상 작용으로 다양한 색의 습자지를 이용해 최근 자신의 감정을 색과 형태로 표현하는 활동이다. 습자지를 찢어보고 날려보는 과정에서 스트레스를 해소하고, 부정적 정서 인식과 감정의 카타르시스를 경험하도록 돕는다.
주제	감정의 발산 및 정화
목표	감정표출 및 현재 감정을 인식한다.
대상	유아, 아동, 청소년, 성인, 노인
매체	도화지, 색 습자지, 물풀
진행 과정	❶ 그동안의 감정을 나눈 후 작업에 대해 소개하고 활동 목적을 이야기한다. ❷ 습자지를 마음껏 찢거나 구겨보고 던져보면서 탐색한다. ❸ 습자지 소리와 색을 통해 연상되는 감정의 이미지를 떠올려 본다. ❹ 연상된 이미지를 도화지 위에 구기거나 찢어서 붙여본다. ❺ 완성된 작품을 보며 자신의 감정에 대해 이야기 나눈다.

상담적용 과정

활동 전 설명하기

- 습자지를 만져보세요. 습자지를 구겨보세요.
- 습자지 소리를 듣고 연상되는 일이나 사건, 장면이 있나요?
- 습자지 중에 어떤 색이 마음에 드나요?
- 색 습자지를 선택하여 도화지 위에 자유롭게 마음을 표현해 보세요.

활동 후 소통하기

- 습자지를 날리며 몸을 움직여 보세요. 기분이 어떤가요?
- 힘들었던 감정은 어떤 것들이 있나요?
- 도화지 위에 있는 자신의 마음을 보고 어떤 생각이 드나요?
- 선택한 습자지 색과 자신의 마음은 어떠한 연관이 있나요?

관찰하기

- 부정적 감정이 폭발하거나 공격적인 반응을 보이는가?
- 참여자의 에너지 강도는 어떠한가?
- 자신의 마음을 표현하는 과정에서 소극적이거나 감정을 회피하려고 하는가?

이렇게도 해봐요

- 색 습자지 외 신문지나 한지를 매체로 활용할 수 있다.
- 찢어놓은 습자지를 뭉쳐서 테이프로 감아 공을 만들고 공놀이를 통해 부정적 감정을 던져 버리는 퍼포먼스를 진행할 수 있다.
- 개인 작업뿐만 아니라 집단 작업으로도 활용할 수 있다.

활동 사례

6

내 마음의 스펙트럼
<물들여서 꾸미기>

개요	'내 마음의 스펙트럼'은 일상생활에서 친숙한 매체를 이용하여 자신의 정서를 표출하며 감정의 이완을 돕는 작업이다. 이 작업은 자신의 무의식을 통찰할 수 있고, 안정감 속에서 창의적인 활동을 할 수 있도록 한다. 커피 여과지를 활용한 작업은 미술표현에 부담을 가지고 있는 사람들에게도 쉽게 접근할 수 있다는 장점을 가지고 있다.
주제	무의식 통찰과 유연성
목표	내면세계 탐구와 표출을 돕는다.
대상	유아, 아동, 청소년, 성인, 노인
매체	도화지, 커피 여과지, 사인펜, 물풀, 가위, 종이컵
진행 과정	❶ 그동안의 감정을 나눈 후 작업에 대해 소개하고 활동 목적을 이야기한다. ❷ 종이컵에 물을 담는다. ❸ 커피 여과지를 반으로 접어서 타원 모양을 가위로 오린다. ❹ 커피 여과지에 사인펜으로 낙서를 자유롭게 한다. ❺ 낙서를 한 커피 여과지를 종이컵에 담는다. ❻ 종이컵에 물들인 여과지를 꺼낸 후 도화지에 꾸며본다. ❼ 완성된 작품을 보면서 감정에 대한 이야기를 나눈다.

상담적용 과정

활동 전 설명하기

- 눈을 감고 자신에게 집중해 보세요. 무엇이 느껴지나요?
- 나에 대한 색이 어떤 색으로 보이나요?
- 커피 여과지에 사인펜으로 자유롭게 낙서해 보세요.

활동 후 소통하기

- 활동하면서 기분과 느낌이 어떠했나요?
- 활동과정 중 감정의 변화가 있었나요?
- 완성된 작품을 보고 마음에 불편한 점은 없었나요?

관찰하기

- 물들이기를 할 때 참여자의 반응은 어떠한가?
- 어떠한 색을 중점적으로 사용하는가?
- 커피 여과지로 만든 작품의 형태는 어떠한가?
- 완성된 자신의 작품에 대한 만족도는 어떠한가?

이렇게도 해봐요

- 커피 여과지 대신 휴지를 활용할 수 있다.
- 휴지를 활용하여 꼬아서 뭉치는 등 다양한 작품활동을 할 수 있다.

활동 사례

7

나를 보여줘요
<가면 만들기>

개요	'나를 보여줘요'는 가면을 활용하며 자신의 내면모습과 외면모습에 대하여 탐색할 수 있도록 안내해 준다. 가면을 통해 자신과 타인을 인식하고 '참 자기'와 '거짓 자기'에 대해서도 나누어 보는 시간을 갖는다.
주제	긍정적인 자아상과의 만남
목표	자신의 내면과 외면을 탐색한다.
대상	아동, 청소년, 성인
매체	얼굴가면(종이), 수채화 물감, 채색도구, 반짝이 풀
진행 과정	❶ 그동안의 감정을 나눈 후 작업에 대해 소개하고 활동 목적을 이야기한다. ❷ 눈을 감고 자신의 얼굴을 천천히 탐색해 보는 과정을 거친다. ❸ 자신의 내면과 외면의 모습에 대해 생각을 해본다. ❹ 자신이 원하는 가면을 선택한 후 수채화 물감으로 외면의 색(겉), 내면의 색(속)을 칠한다. ❺ 반짝이 풀로 가면을 꾸며준다. ❻ 완성된 가면을 보면서 제목을 정하고 이야기를 나눈다.

상담적용 과정

활동 전 설명하기

- 눈을 감고 나 자신을 느껴보세요. 나는 어떤 모습인지 떠올려 보세요.
- 나의 외면은 어떤 모습을 하고 있나요? 색으로 표현해 보세요.
- 나의 내면은 어떤 모습을 하고 있나요? 색으로 표현해 보세요.

활동 후 소통하기

- 자기를 탐색하면서 어떤 감정이 들었나요?
- 나의 외면과 내면은 어떤 차이점을 보이나요?
- 완성된 가면을 바라보며 내면의 색과 외면의 색에 대해 이야기해 주세요.

관찰하기

- 참여자 간 충분한 라포 형성이 되었는가?
- 자기상의 만남과정에 어떤 반응을 보이는가?
- 내면의 감정이 어떻게 표현되었는가?

이렇게도 해봐요

- 거울을 활용하여 자신과의 대화를 시도할 수 있다.
- 가면을 직접 쓰고 신체적 활동으로 확장할 수 있다.
- 라텍스에 아크릴 물감과 오브제 재료로 가면을 꾸며볼 수 있다.

활동 사례

8

나의 장점을 찾아봐요
<석고 손 만들기>

개요	'나의 장점을 찾아봐요'는 석고붕대를 이용하여 자신의 손을 본뜨는 작업이다. 자신의 신체를 객관적으로 바라보는 과정을 통해 긍정적 자아상을 발견하고 자존감을 향상시킬 수 있도록 돕는다.
주제	긍정적 자아상 발견 및 희망의 고취
목표	긍정적 자기인식과 자존감을 향상시킨다.
대상	아동, 청소년, 성인
매체	A4용지, 석고붕대, 핸드크림, 종이컵, 반짝이 풀, 가위, 신문지
진행 과정	❶ 그동안의 감정을 나눈 후 작업에 대해 소개하고 활동 목적을 이야기한다. ❷ 손의 역할을 탐색해 보고 손이 자신에게 어떠한 역할을 하는지 생각해 본다. ❸ 석고붕대를 가위로 잘라놓고 따뜻한 물을 준비한다. ❹ 손 모양 형태가 정해지면 치료사가 내담자의 손등에 핸드크림을 발라준다. ❺ 석고붕대를 따뜻한 물에 살짝 담갔다가 꺼내어 내담자의 손에 올리고 골고루 문질러 준다. ❻ 손 모양에 석고붕대를 4겹 정도의 두께가 되도록 한다. ❼ 석고가 딱딱하게 굳으면 조심스럽게 떼어준다. ❽ 완성된 석고 손에 자유롭게 반짝이 풀로 꾸며준다. ❾ 자신의 작품에 제목을 붙이고 작업 과정의 느낌에 대해 이야기를 나눈다.

상담적용 과정

활동 전 설명하기

- 나의 손이 하는 일에 대해 생각해 보세요.
- 미래에 나의 손은 무엇을 하고 있으면 좋을까요?
- 나에게 힘을 주는 손을 만들어 보세요. 어떤 모양일까요?

활동 후 소통하기

- 완성된 나의 손을 보고 어떤 생각이 드나요?
- 나의 작품을 보고 마음속에서 일어나는 감정은 어떠한가요?
- 나의 작품에 추가해 주고 싶은 것이 있다면 무엇이 있나요?
- 작품에 제목을 붙여보세요. 내 작품에 어떤 의미를 담았나요?

관찰하기

- 손에 식고니 물이 묻는 것에 예민함을 보이는가?
- 치료사의 작업에서 불편함을 보이는가?
- 손 모양에 부여한 자신의 욕구가 긍정적인가, 부정적인가?

이렇게도 해봐요

- 손 이외에도 발, 얼굴 등 다양한 신체 부위에 작업할 수 있다.
- 다양한 대상(모자, 부자, 가족, 커플)에게 적용하여 돌봄의 경험을 제공할 수 있다.
- 신체뿐만 아니라 의미 있는 다양한 사물에 석고붕대 작업을 시도할 수 있다.
- 개인 작업뿐만 아니라 집단 작업으로도 활용할 수 있다.

활동 사례

9

어린 시절의 집
<집 만들기>

개요	'어린 시절의 집'은 과거를 회상하면서 어린 시절에 자신을 탐색하고 현재 자신과 연관된 감정을 찾아가는 과정이다.
주제	자아탐색 및 자기이해
목표	자신의 어린 시절을 탐색한다.
대상	청소년, 성인, 노인
매체	도화지, 다양한 수수깡 세트, 양면테이프
진행 과정	❶ 그동안의 감정을 나눈 후 작업에 대해 소개하고 활동 목적을 이야기한다. ❷ 눈을 감고 어린 시절에 살았던 집을 상상해 본다. ❸ 과거 집에서 안정된 공간, 불편한 공간을 생각해 본다. ❹ 수수깡을 크기에 관계없이 자유롭게 부러뜨린다. ❺ 집을 충분히 탐색한 후 과거경험을 떠올려 본다. ❻ 어린 시절의 집을 자유롭게 표현한다. ❼ 과거 어린 시절의 감정에 대한 이야기를 나눈다.

상담적용 과정

활동 전 설명하기

- 어린 시절 살았던 나의 집을 떠올려 보세요.
- 어린 시절의 나의 모습을 바라보세요.
- 어린 나에게 해주고 싶은 말은 무엇인지 생각해 보세요.

활동 후 소통하기

- 어린 시절에 느꼈던 나의 감정과 현재 내가 느끼는 감정이 어떻게 연결되나요?
- 어린 시절 나를 만나고 난 후 나의 감정은 어떤가요?

관찰하기

- 어린 시절을 탐색하는 과정에서 어떤 장면에서 감정의 변화가 일어나는가?
- 감정억압 또는 방어로 인해 어린 시절을 잘 기억하지 못하는가?

이렇게도 해봐요

- 우드락을 이용해서 입체로도 만들 수 있다.
- 어린 시절 살던 집에서 기억나는 사건들을 글로 적어볼 수도 있다.

활동 사례

10

라이프 스토리 <책 만들기>

개요	'라이프 스토리'는 정서적으로 경직된 내담자들에게 잡지를 이용한 매체를 사용하여 부담감을 줄여주고, 마음껏 내면을 표현할 수 있도록 하며 방어와 저항을 감소시킬 수 있도록 한다.
주제	자아성찰과 통합
목표	부정적 정서를 표출하고 감정을 정화시킨다.
대상	청소년, 성인, 노인
매체	4절 도화지, 여성잡지, 가위, 풀, 사인펜
진행 과정	❶ 그동안의 감정을 나눈 후 작업에 대해 소개하고 활동 목적을 이야기한다. ❷ 눈을 감고 자신의 어린 시절의 기억을 떠올릴 수 있도록 한다. ❸ 4절 도화지를 이용해서 책 접기를 한다. ❹ 여성잡지를 넘기면서 과거에 인상적으로 남는 장면을 자유롭게 오려본다. ❺ 현재와 미래에 대한 희망도 같이 살펴보고 책 접은 곳에 붙여준다. ❻ 책 안에 내용들을 채운 후, 겉표지에는 제목을 정하고 그 느낌에 대해 이야기를 나눈다.

상담적용 과정

활동 전 설명하기

- 나의 어린 시절의 기억을 떠올려 보세요.
- 과거에 있었던 사건이나 추억을 떠올리고 기억에 남는 장면을 생각해 보세요.
- 나의 어린 시절 기억이 현재의 나와 어떤 관계가 있을까요?

활동 후 소통하기

- 과거를 회상하며 힘들었던 장면은 무엇인가요?
- 책을 만들면서 생각나는 대상(사람, 동물, 물건)이 있었나요?
- 특정 사건과 관련된 인물들이 있나요?

관찰하기

- 과거를 회상하며 특정 감정을 표출하는가?
- 과거와 현재의 관계에 대해 통찰반응을 보이는가?
- 미래에 대한 내담자의 태도는 어떠한가?

이렇게도 해봐요

- 집단 활동으로 참여자들의 책을 서로 공유하고 느낌을 나눌 수 있다.
- 엽서 크기 종이 2장으로 어린 시절에 대한 좋은 기억과 나쁜 기억을 만들 수 있다.
- 몇 회기에 걸쳐 자신의 인생여정을 회상하며 단계별로 책을 만들어 보는 것도 효과적인 치료개입이 될 수 있다.

활동 사례

11

꿈꾸는 나
<신체 꾸미기>

개요	'꿈꾸는 나'는 긍정적으로 변하고 싶은 나의 모습, 자신의 꿈을 실현할 수 있는 멋진 나를 발견하고 탐색하는 작업이다. 신체 꾸미기는 참여자 간에 친밀감을 형성하고 사회성을 증진시킬 수 있는 기회를 제공한다.
주제	자존감 향상 및 희망의 고취
목표	자아탐색 및 자기표현을 통해 자신감을 형성한다.
대상	아동, 청소년, 성인, 집단
매체	전지 2장, 여성잡지, 연필, 지우개, 검정색 매직, 가위, 풀, 테이프, 크레파스
진행 과정	❶ 그동안의 감정을 나눈 후 작업에 대해 소개하고 활동 목적을 이야기한다. ❷ 긍정적으로 변화되고 싶은 나의 모습과 꿈꾸는 미래에 대해 탐색해 본다. ❸ 전지를 여유 있게 벽면이나 바닥에 테이프로 고정시킨다. ❹ 참여자들 중에 주인공을 정해서 신체를 본뜨고 그리는 것을 도와준다. ❺ 신체 본을 뜰 때는 자신이 원하는 포즈로 자유롭게 표현할 수 있도록 한다. ❻ 자신의 신체 본을 바라보고 충분히 탐색 후 자유롭게 꾸미는 작업을 한다. ❼ 완성된 작품을 보며 자신의 감정과 생각에 대해 이야기를 나눈다.

상담적용 과정

활동 전 설명하기

- 자신의 멋진 모습, 미래의 나, 되고 싶은 나는 어떤 모습일까요?
- 미래의 나를 잘 표현할 수 있는 포즈를 취해보세요.
- 여성 잡지에서 꿈꾸는 나를 표현할 수 있는 스타일은 어떤 것일까요?
- 주인공의 멋진 모습을 꾸며주고 본뜬 신체에 선물해 주세요.

활동 후 소통하기

- 나의 어떤 모습이 좋았는지, 기분은 어떤가요?
- 꾸며진 자신의 모습을 바라보며 어떤 느낌이 드나요?
- 나의 모습에 더 추가해 주고 싶은 것이 있나요?
- 작품 속에 있는 모습처럼 꿈이 실현된다면 나의 마음은 어떨까요?

관찰하기

- 집단원들과의 상호작용에 어떤 반응을 보이는가?
- 작업을 할 때 어떤 태도로 참여하는가?
- 자신의 작품에 만족해하는가?

이렇게도 해봐요

- 여러 가지 오브제 재료를 활용하여 본뜬 신체를 꾸며볼 수 있다.
- 참여자 중 자신감이 없는 대상을 정해 멋지게 꾸며줌으로써 자존감을 향상시킬 수 있다.
- 미래의 나와 직접 이야기를 시도할 수 있으며, 참여자 간 역할극을 할 수 있다.

활동 사례

12

내 마음을 비워봐요
<배 만들기>

개요	'내 마음을 비워봐요'는 자신의 부정적 감정과 어려운 문제를 극복하고 공동체 의식을 집단에서 확인하고 해결방법을 제시하도록 도우며 참여자들이 서로 협동함으로써 책임감과 성취감을 느끼게 한다.
주제	소속감 및 공동체 의식
목표	부정적인 감정을 정화시킨다.
대상	아동, 청소년, 성인, 집단
매체	전지, 수채화 물감, 채색도구, 크레파스
진행 과정	❶ 그동안의 감정을 나눈 후 작업에 대해 소개하고 활동 목적을 이야기한다. ❷ 참여자들은 배의 크기, 모양을 위해 각자의 의견을 내고 나누는 시간을 갖는다. ❸ 전지를 바닥에 펼쳐놓고 집단 참여자들이 함께 배를 그린다. ❹ 전지 바탕에 수채화 물감으로 바다색을 칠한다. ❺ 배에 필요한 것을 꾸미고 바다에 역경을 표현한다. ❻ 바다에 자신의 부정적 감정이나 목표, 희망사항을 적는다. ❼ 완성된 작품을 보며 서로의 감정에 대한 이야기를 나눈다.

상담적용 과정

활동 전 설명하기

- 자신이 잊고 싶은 부정적 경험과 감정에 대해 생각해 보세요.
- 부정적인 감정을 배에 실어서 떠나보내고 싶은 것은 무엇일까요?
- 힘들고 어려운 역경을 극복하고 집단원들과 함께 나누어 보세요.

활동 후 소통하기

- 배가 완성된 후 나의 감정은 어떠했나요?
- 활동을 시작했을 때와 끝났을 때의 감정에 변화가 있었나요?
- 활동하는 과정 중에 참여자들과 함께하며 어떤 감정이 들었나요?

관찰하기

- 활동 중에 감정을 표출하는가?
- 배를 꾸미는 과정에서의 역할은 어떠한가? 협조적인가? 비협조적인가?
- 배를 만드는 과정에서 참여자는 주도적인가? 관찰자의 역할인가?

이렇게도 해봐요

- 종이배를 접어서 물 위에 떠나보내는 배를 만들 수도 있다.
- 파란색 천을 바닥에 깔아 실제 바다처럼 효과를 주어 부정적 감정을 떠나보내는 퍼포먼스로 연결하여 활동을 확장할 수 있다.

활동 사례

13

무인도에서 살아남기 <섬 만들기>

개요	'무인도에서 살아남기'는 자연물과 점토를 사용하여 새로운 환경을 만드는 과정이다. 집단원들은 서로에게 긍정적인 의미를 부여하며 미래에 대한 희망과 에너지를 얻을 수 있다.
주제	책임감 및 성취감
목표	어려움을 극복하고 자신에 대한 긍정적 미래를 만들어 간다.
대상	아동, 청소년, 성인, 집단
매체	전지, 자연물, 점토, 수채화 물감, 채색도구, 크레파스, 오브제, 글루건
진행 과정	❶ 그동안의 감정을 나눈 후 작업에 대해 소개하고 활동 목적을 이야기한다. ❷ 집단원들이 함께 무인도에 도착했다면 무인도에서 어떻게 살아가야 할지 의논하도록 한다. ❸ 전지에 크레파스로 무인도를 그리고 수채화 물감으로 바다를 색칠한다. ❹ 집단원들은 서로 협력하여 점토로 무인도에 필요한 것들을 만든다. ❺ 자연물이나 오브제 재료로 무인도를 꾸미거나 크레파스를 사용하여 필요한 것을 그림으로 추가하여 자유롭게 표현한다. ❻ 완성되면 제목을 붙이고 작업을 하면서 무인도에 대한 느낌을 이야기 나눈다.

상담적용 과정

활동 전 설명하기

- 무인도를 발견했다고 상상해 보세요. 무인도는 어떤 모습일까요?
- 무인도에서 살아가려면 무엇이 필요할까요?
- 다양한 자연물을 활용하여 무인도를 만들어 보세요.

활동 후 소통하기

- 무인도는 어떤 모습으로 만들어졌나요?
- 함께 협동하면서 어려운 부분이 있었나요?
- 무인도에서는 무엇을 할 수 있나요?
- 무인도는 앞으로 어떻게 발전해 갈까요?

관찰하기

- 활동할 때 집단행동과 반응은 어떠한가?
- 자신의 의견을 나누며 어떻게 상호작용을 하는가?
- 무인도 활동에 어떠한 내용과 의미를 부여하는가?

이렇게도 해봐요

- 전지에 우드락과 다양한 매체를 사용하여 섬을 만들 수 있다.
- 개인 작업으로 4절 도화지 위에 자신의 무인도를 꾸미도록 할 수 있다.

활동 사례

14

소망을 담아봐요
<나무 만들기>

개요	‘소망을 담아봐요’는 자신이 소망하는 것을 열매로 표현하고 다양한 매체를 사용하여 나무를 꾸미는 활동이다. 미래에 대한 소망을 열매에 담는 것으로 자신의 긍정성을 확장해 주고 통합할 수 있도록 한다.
주제	자존감 향상 및 희망 찾기
목표	자신감을 향상시키고 미래의 희망을 찾는다.
대상	아동, 청소년, 성인, 집단
매체	전지 2장, 한지(갈색, 고동색), 색지(연두색, 초록색, 짙은 녹색), 형광색종이 스티커, 가위, 풀, 검정매직
진행 과정	❶ 그동안의 감정을 나눈 후 작업에 대해 소개하고 활동 목적을 이야기한다. ❷ 자신의 소망을 탐색해 보고 소망의 열매가 열린 나무를 상상해 본다. ❸ 전지에 나뭇가지를 한지로 구겨서 붙여주고 나뭇잎을 나뭇가지에 오려서 붙인다. ❹ 형광색종이로 열매를 만들어서 그 열매에 자신의 소망들을 검정매직으로 적어본다. ❺ 형광색종이 스티커를 떼어서 소망을 적은 열매들을 나무에 붙여준다. ❻ 완성된 소망나무를 보고 자신의 소망에 대해 이야기를 나눈다.

상담적용 과정

활동 전 설명하기

- 자신의 소망은 무엇이 있는지 떠올려 보세요.
- 자신이 바라는 소망들을 열매로 표현해 볼까요?
- 소망 열매가 열리는 나무는 어떤 모습인지 상상해 보세요.

활동 후 소통하기

- 소망나무를 보고 어떤 기분과 느낌이 드나요?
- 내가 원하는 소망을 이루기 위해 어떻게 해야 할까요?
- 소망이 모두 이루어진다면 어떤 모습일까요?

관찰하기

- 자신의 소망나무를 어떻게 받아들이는가?
- 참여자가 소망하는 것(정서, 관계, 물질)은 무엇인가?
- 활동에 참여하는 태도는 어떠한가?

이렇게도 해봐요

- 개인 작업으로 작은 나무를 플라스틱 컵에 심고 다양한 재료로 꾸밀 수 있다.
- 가족의 소망나무로 가족사진을 열매로 매달아서 장식할 수도 있다.

활동 사례

MEMO

Chapter 7

미술심리치료사의 윤리와 자세

1. 전문가로서의 윤리
2. 인간권리와 존엄성에 대한 존중
3. 치료관계
4. 정보의 보호
5. 미술치료사의 자세

Chapter 7 미술심리치료사의 윤리와 자세

1 전문가로서의 윤리

본 내용은 미술치료학회와 심리학회 등에서 요구하는 심리치료사와 심리상담사의 자격과 자세에 관한 지침을 바탕으로 기술하였다.

1) 전문적 능력

① 미술치료사는 자신의 능력의 한계를 인정하고 교육이나 훈련, 경험을 통해 자격이 주어진 활동만 한다. 미술치료사는 자기 자신의 교육과 수련, 경험 등에 의해 준비된 범위 안에서 전문적인 서비스와 교육을 제공한다.

② 미술치료사는 자신의 활동 분야에 있어서 최신의 과학적이고 전문적인

정보와 지식을 유지하기 위해 지속적인 교육과 연수의 필요성을 인식하고 참여한다.

③ 미술치료사는 정기적으로 전문인으로서의 능력과 효율성에 대한 자기반성이나 평가가 있어야 하며, 필요한 경우 자신의 효율성을 증진시키기 위해 지도·감독을 받을 책무가 있다.

④ 미술치료사는 자신이 가진 능력 이상의 것을 주장하거나 암시해서는 안 되며, 타인에 의해 능력이나 자격이 오도되었을 때에는 수정해야 할 의무가 있다.

⑤ 미술치료사는 윤리강령과 시행세칙을 준수할 책임이 있다.

2) 성실성

① 미술치료사는 자신의 신념체계, 가치, 제한점 등이 상담에 미칠 영향력을 자각하고, 내담자에게 상담의 목표, 기법, 한계점, 위험성, 상담의 이점, 자신의 강점과 제한점, 심리검사와 보고서의 목적과 용도, 상담료, 상담료 지불방법 등을 명확하게 알린다.

② 미술치료사는 개인의 이익을 위해 전문직의 가치와 권위를 훼손하는 행동을 해서는 안 된다.

③ 미술치료사는 능력의 한계나 개인적인 문제로 내담자를 적절하게 도와줄 수 없을 때에는 치료를 시작해서는 안 되며, 다른 미술치료사나 정신건강

전문가에게 의뢰하는 등 내담자를 도와줄 수 있는 다른 방법을 강구한다.

④ 미술치료사는 자신의 질병, 죽음, 또는 내담자의 이동이나 재정적 한계 등과 같은 요인에 의해 치료를 중단할 경우 이에 대한 적절한 조치를 취해야 한다.

⑤ 치료를 종결하는 데 있어서 어떤 이유보다도 우선적으로 내담자의 관점과 요구에 대해 논의해야 하며, 내담자가 다른 전문가를 필요로 할 경우에는 적절한 과정을 거쳐서 의뢰한다.

⑥ 미술치료사는 내담자나 학생, 연구 참여자, 동료들이 피해를 입지 않도록 적절한 조치를 취한다.

⑦ 미술치료사는 자신의 기술이나 자료가 다른 사람들에 의해 오용될 가능성이 있거나 개선의 여지가 없는 활동에 참여해서는 안 되며, 이러한 일이 일어난 경우에는 이를 바로잡거나 최소화하는 조치를 취한다.

3) 미술치료사의 교육과 연수

① 미술치료사 교육은 학술적인 연구와 지도 감독하의 실습을 통합하는 과정으로 설정되어야 한다.

② 미술치료사는 교육에 들어가기 전에 교육 프로그램의 내용, 기본적인 기술 개발, 진로 전망에 대해 알려준다.

③ 교육 프로그램은 개인과 사회를 위하는 이상적 가치를 교육생들에게 고무

해야 하며, 재정적 보상이나 손실보다는 직업에 대한 열정과 인간애에 더 가치를 두도록 한다.

④ 교육생들에게 다양한 이론적 입장을 제시하여 교육생들이 이론들의 비교를 통해서 스스로 자신의 입장을 선택할 수 있도록 한다.

⑤ 교육 프로그램은 학회의 최근 관련 지침과 보조를 맞추어 진행되어야 한다.

⑥ 미술치료사 교육에서는 교육생들에 대한 지속적인 평가를 통해 교육생들의 한계를 알아내야 한다. 교육 지도자는 교육생들이 치료사로서 성장할 수 있도록 도와주는 한편, 교육 프로그램을 통해서 바람직한 활동을 할 수 없는 사람을 가려낼 수 있어야 한다.

⑦ 미술치료사는 교육과 훈련 프로그램을 전문적으로 실시하고, 윤리적인 역할 모델이 되어 교육생들이 윤리적 책임과 윤리강령을 잘 인식하도록 돕는다.

⑧ 미술치료사는 치료성과나 훈련 프로그램을 홍보하기 위해 내담자 또는 수련생과의 관계를 이용하지 않는다.

⑨ 미술치료사가 저술한 교재는 교육과 연수과정에 채택할 수 있다.

2 인간권리와 존엄성에 대한 존중

1) 복 지

① 미술치료사의 일차적 책임은 내담자의 복리를 증진하고 존엄성을 존중하는 것이다.

② 미술치료사는 내담자의 잠재력을 개발하여 건강한 삶을 영위하도록 도움을 준다.

③ 미술치료사는 내담자로 하여금 의존적인 관계를 형성하지 않도록 노력해야 한다.

④ 미술치료사는 관계에서 오는 친밀성과 책임감을 인식하고, 미술치료사의 개인적 욕구 충족을 위해서 내담자를 희생시켜서는 안 된다.

⑤ 미술치료사는 내담자의 가족이 내담자의 삶에 중요하다는 것을 인식하고, 필요하다면 가족의 이해와 참여를 얻기 위해 노력한다.

⑥ 미술치료사는 직업문제와 관련하여 내담자의 능력, 흥미, 적성, 욕구, 환경 등을 고려하면서 내담자와 함께 노력하지만 내담자의 일자리를 찾아주거나 근무처를 정해줄 의무가 있는 것은 아니다.

2) 다양성 존중

① 미술치료사는 모든 인간의 기본적인 권리, 존엄성, 가치를 존중하며 연령이나 성별, 인종, 종교, 성적인 선호, 장애 등을 이유로 내담자를 차별하지 않는다.

② 미술치료사는 내담자의 다양한 문화적 배경을 이해하며, 미술치료사 자신의 고유한 문화적 정체성이 상담과정에 어떤 영향을 주는지 인식해야 한다.

③ 미술치료사는 자신의 고유한 가치, 태도, 신념, 행위를 인식하여 그것이 어떻게 다양한 사회에서 적용되는지를 깨닫고 있어야 하고, 내담자에게 자신의 가치를 강요하지 않는다.

3) 내담자의 권리

① 내담자는 비밀 유지를 기대할 권리가 있고 자신의 사례기록에 대한 정보를 가질 권리가 있으며, 치료계획에 참여할 권리, 어떤 서비스에 대해서는 거절할 권리, 그러한 거절에 따른 결과에 대해 조언을 받을 권리 등이 있다.

② 미술치료사는 내담자에게 치료에 참여 여부를 선택할 자유와 전문가를 선택할 자유를 주어야 한다. 내담자의 선택을 제한하는 제한점은 내담자에게 모두 설명해야 한다.

③ 미성년자 또는 자발적인 동의를 할 수 없는 사람이 내담자일 경우, 미술치료사는 이러한 내담자의 최상의 복지를 염두에 두고 행동한다.

3 치료관계

1) 이중관계

① 미술치료사는 객관성과 전문적인 판단에 영향을 미칠 수 있는 이중관계는 피해야 한다. 가까운 친구나 친인척 등을 내담자로 받아들이면 이중관계가 되어 전문적 성과를 기대할 수 없으므로, 다른 전문가에게 의뢰하여 도움을 준다.

② 미술치료사는 특별한 경우를 제외하고는 내담자와 치료실 밖에서 사적인 관계를 유지하지 않도록 한다.

③ 미술치료사는 내담자와의 관계에서 치료비 이외의 어떠한 금전적 · 물질적 거래관계를 맺어서는 안 된다.

④ 미술치료사는 내담자와 어떠한 종류이든 성적 관계는 피해야 한다.

⑤ 미술치료사는 이전에 성적인 관계를 가졌던 사람을 내담자로 받아들이지 않는다.

2) 다양한 내담자와의 관계

① 미술치료사가 서로 관계를 맺고 있는 둘 또는 그 이상의 내담자들(예 남편과 아내, 부모와 자녀)에게 서비스를 제공할 것을 동의할 경우 미술치료사는 누가

내담자이며 각 사람과 어떠한 관계를 맺게 될지 그 특성에 대해 명확히 하고 시작해야 한다.

② 미술치료사로 하여금 그러한 관계가 잠재적으로 상충되는 역할을 수행하도록 요구한다면, 미술치료사는 그 역할에 대해서 명확히 하거나 그 역할로부터 벗어나도록 한다.

4 정보의 보호

1) 사생활과 비밀 보호

① 미술치료사는 사생활과 비밀 유지에 대한 내담자의 권리를 최대한 존중해야 할 의무가 있다.

② 내담자의 사생활 보호에 대한 권리는 내담자나 내담자가 위임한 법적 대리인에 의해 유예될 수 있다.

③ 미술치료사는 내담자의 사생활 침해를 최소화하기 위해서 문서 및 구두상의 보고나 자문 등에서 실제 의사소통된 정보만 포함시킨다.

④ 미술치료사는 고용인, 지도감독자, 사무보조원 그리고 자원봉사자들을 포함한 직원들에게도 내담자의 사생활과 비밀이 보호되도록 주지시켜야 한다.

2) 기 록

① 미술치료사는 법, 규제 또는 제도적 절차에 따라 내담자에게 전문적인 서비스를 제공하기 위해서 반드시 기록을 보존한다.

② 미술치료사는 녹음 및 기록에 관해 내담자의 동의를 구한다.

③ 미술치료사는 면접기록, 심리검사자료, 편지, 녹음, 녹화 테이프, 문서기록 등 서비스와 관련된 기록들이 내담자를 위해 보존된다는 것을 인식하며, 기

록의 안전과 비밀 보호에 책임진다.

④ 미술치료사는 관련된 기록을 보관하고 처리하는 데 있어서 비밀을 보호해야 하며, 타인에게 공개할 때에는 내담자의 직접적인 동의가 있을 때에만 가능하다.

3) 비밀 보호의 한계

① 내담자의 생명이나 사회의 안전을 위협하는 경우가 발생한 경우에 한해 내담자의 동의 없이도 내담자에 대한 정보를 관련 전문인이나 사회에 알릴 수 있다. 이 경우 시작 전에 이러한 비밀 보호의 한계를 알려준다.

② 내담자가 감염성이 있는 치명적인 질병이 있다는 확실한 정보를 가졌을 때 그 질병에 위험한 수준으로 노출되어 있는 제삼자(내담자와 관계 맺고 있는)에게 정보를 공개할 수 있다.

③ 법적으로 정보의 공개가 요구될 때에는 비밀 보호의 원칙에서 예외이지만 법원이 내담자의 허락 없이 사적인 정보를 밝힐 것을 요구할 경우, 미술치료사는 내담자와의 관계를 해칠 수 있기 때문에 정보를 요구하지 말 것을 법원에 요청한다.

④ 상황들이 사적인 정보의 공개를 요구할 때 오직 기본적인 정보만을 밝힌다. 더 많은 사항을 밝히기 위해서는 사적인 정보의 공개에 앞서 내담자에게 알린다.

⑤ 미술치료사는 상담이 시작될 때와 과정 중 필요할 때 내담자에게 비밀 보호의 한계를 알리고 비밀 보호가 불이행되는 상황에 대해 인식시킨다.

⑥ 비밀 보호의 예외 및 한계에 관한 타당성이 의심될 때에 미술치료사는 동료 전문가의 자문을 구한다.

5 미술치료사의 자세

미술치료에서 치료사는 내담자의 내면 여행 안내자이자, 자기탐색 및 성찰을 돕는 촉진자, 내담자의 자기성장 과정을 함께하는 동반자로서의 역할을 하며 미술치료의 효과성에 중요한 영향을 미친다.

미술치료사의 자질이 중요한 것은 이와 같은 역할뿐만 아니라 내담자가 미술치료를 통해 얻을 수 있는 자기탐색 및 통찰에 영향을 줄 수 있는 중요한 요인으로 작용하기 때문이다. 실제로 현장에서 동일한 미술치료 프로그램을 다른 치료사들이 진행하였을 때 반응과 효과가 다르게 나타나는 경우를 흔히 목격할 수 있다.

미술치료사들은 치료사로서의 기본 자질과 전문 자질을 갖추기 위하여 끊임없이 자기성찰을 하고, 임상감독과 전문적인 교육을 통해 인간에 대한 심층적 이해와 관련 지식에 대한 탐구가 이루어져야 한다. 더불어 치료에서의 윤리적 책임을 위한 이해가 반드시 필요하다.

미술치료사의 기본 자질은 사람을 대하는 기본 자세, 즉 성품을 이야기하며, 미술치료사의 전문 자질은 미술치료학, 심리학, 인문학, 철학, 정신의학 등의 관련 학문에 대한 지식을 습득하는 것뿐만 아니라 자기이해를 위한 지속적인 노력과 치료 사례연구, 임상감독 등으로 끊임없이 수련해 가는 자세를 말한다.

미술치료사의 기본 자질과 전문 자질을 구체적으로 정리하면 다음과 같다.

미술치료사의 기본 자질

- 인간에 대한 기본적인 관심과 사랑이 있어야 한다.
- 온화함, 안정감, 성실함을 바탕으로 신뢰를 갖춘 대상이 되어야 한다.
- 자신의 내면 성찰을 할 수 있는 능력이 필요하다.
- 내담자에 대한 공감능력이 있어야 한다.
- 일관성 있는 태도로 내담자를 대할 수 있어야 한다.
- 긴장을 이완시키며 분위기를 편안하게 할 수 있는 유머감각과 적절한 의사소통 능력이 필요하다.
- 치료 과정 내에서의 침묵과 모호함의 시간을 견딜 수 있는 힘이 필요하다.
- 치료 과정을 관찰할 수 있는 능력과 의미를 찾을 수 있는 직관력, 통찰력이 필요하다.
- 치료 과정 내에서 민첩성과 유연성, 융통성을 발휘할 수 있어야 한다.
- 치료사의 자기 편견, 선입견을 넘어서서 다양한 삶에 대한 수용과 이해가 있어야 한다.
- 비밀유지에 대한 책임감과 기본적인 윤리적 태도를 가져야 한다.

미술치료사의 전문자질

- 미술교육과 미술치료의 관점에 대해 이해하고 미술치료 이론 및 심리학에 대한 지식이 있어야 한다.
- 진단 및 평가에 대한 전문 지식을 습득하고 활용할 수 있어야 한다.
- 아동/ 청소년/ 성인/ 가족 등 대상별 발달과정과 과업에 대한 전문적 지식이 있어야 한다.
- 미술치료 과정 중 나타나는 색과 형태의 상징에 대해 이해할 수 있어야 한다.
- 다양한 치료 분야에 대한 기본 지식이 필요하며 통합적 치료 접근에 대한 이해가 있어야 한다.
- 미술매체 연구와 프로그램 개발을 위한 지속적인 노력이 필요하다.
- 전반적인 치료 과정에 대해 기록하고 문서화할 수 있는 능력이 필요하다.
- 치료사로서 법적, 윤리적 책임에 대해 이해하고 지킬 의무가 있다.
- 미술치료 사례에 대한 임상감독을 받고 전문적인 지식 습득을 위한 지속적인 교육 참여가 필요하다.
- 주기적으로 개인 분석을 받거나 집단치료에 참여하여 끊임없이 자기내면을 탐색을 하고 내담자의 경험을 하는 것이 필요하다.

MEMO

부록

부록

1 집-나무-사람 질문 및 해석기준

1) 그림 그린 후 질문사항

HTP 검사에서 그림을 그린 후의 질문은 피험자가 표현한 것의 의미와 문제를 파악하는 데 중요한 역할을 한다. 질문은 일정한 형식이 없으며, 검사자의 필요에 따라서 행하는 것이 좋다. 질문에 대한 대답에 대해서는 그 이유를 묻는 것이 바람직하다.

다음은 HTP 검사를 실시한 후 피험자들에게 일반적으로 사용되는 질문이다.

(1) 집 그림

① 이 집은 어디에 있습니까? (시가지에 있습니까, 교외에 있습니까?)

② 이 집 가까이에 다른 집이 있습니까?

③ 이 그림에서 날씨는 어떠합니까?

④ 이 집은 당신에게서 멀리 있는 집입니까? 가까이 있는 집입니까?

⑤ 이 집에 살고 있는 가족은 몇 사람이며 어떤 사람들입니까?

⑥ 가정의 분위기는 어떠합니까?

⑦ 이 집을 보면 무엇이 생각납니까?

⑧ 이 집을 보면 누가 생각납니까?

⑨ 당신은 어떤 집에 살고 싶습니까?

⑩ 당신은 이 집의 어느 방에 살고 싶습니까?

⑪ 당신은 누구와 이 집에 살고 싶습니까?

⑫ 당신의 집은 이 집보다 큽니까? 작습니까?

⑬ 이 집을 그릴 때 누구의 집을 생각하고 그렸습니까?

⑭ 이것은 당신의 집을 그린 것입니까?

⑮ (특수한 집인 경우) 왜 이 집을 그렸습니까?

⑯ (그림에서 이해하기 곤란한 부분에 대하여) 이것은 무엇입니까? 왜 그렸습니까?

⑰ 이 그림에 첨가해서 더 그리고 싶은 것이 있습니까?

⑱ (그림에서 이해하기 곤란한 부분에 대하여) 이것은 무엇이며 왜 그렸습니까?

⑲ 당신이 그리고자 한 만큼 잘 그려졌습니까? 어떤 부분이 그리기 어려웠고, 마음에 들지 않았습니까?

(2) 나무 그림

① 이 나무는 어떤 나무입니까? (불확실한 경우 상록수 혹은 낙엽수인지 질문)

② 이 나무는 어디에 있는 나무입니까?

③ 한 그루만 있습니까? 숲 속에 있나요?

④ 이 그림의 날씨는 어떠합니까?

⑤ 바람이 불고 있습니까? 바람이 불면 어떤 바람이 어느 방향으로 불고 있습니까?

⑥ 이 나무는 몇 년쯤 된 나무입니까?

⑦ 이 나무는 살아 있나요? 말라 죽었다면 언제쯤 어떻게 말라 죽었습니까?

⑧ 이 나무는 강한 나무입니까? 약한 나무입니까?

⑨ 해는 떠 있습니까? 떠 있다면 어느 쪽에 떠 있습니까?

⑩ 이 나무는 당신에게 누구를 생각나게 합니까?

⑪ 이 나무는 남자와 여자 중 어느 쪽을 닮았다고 봅니까?

⑫ 이 나무는 당신에게 어떤 사람을 느끼게 합니까?

⑬ 이 나무는 당신으로부터 멀리 있는 나무입니까? 가까이 있는 나무입니까?

⑭ 이 나무에 필요한 것은 무엇입니까?

⑮ 이 나무는 당신보다 큽니까? 작습니까?

⑯ (상흔이 있으면) 이것은 무엇입니까? 어떻게 해서 생겼습니까?

⑰ (특수한 나무인 경우) 왜 이런 나무를 그렸습니까?

⑱ 이 그림에 더 첨가해서 그리고 싶은 것이 있습니까?

⑲ (그림에서 이해하기 곤란한 부분에 대하여) 이것은 무엇이며 왜 그렸습니까?

⑳ 당신이 그리고자 한 만큼 잘 그려졌습니까? 어떤 부분이 그리기 어려웠고, 마음에 들지 않았습니까?

(3) 사람 그림

① 이 사람의 나이는 몇 살인가요?

② 이 사람의 직업은 무엇인가요?

③ 결혼은 했습니까? 가족은 몇 명이며 어떤 사람들입니까?

④ 이 사람은 지금 무엇을 하고 있습니까?

⑤ 지금 이 사람은 무슨 생각을 하며 어떻게 느끼고 있습니까?

⑥ 이 사람의 건강상태는 어떠합니까?

⑦ 이 사람의 친구관계는 어떠합니까?

⑧ 이 사람의 성격은 어떠합니까? 장단점은 무엇입니까?

⑨ 이 사람은 행복합니까? 불행합니까?

⑩ 이 사람에게는 무엇이 필요합니까?

⑪ 당신은 이 사람을 어떻게 생각합니까? 좋습니까? 싫습니까?

⑫ 당신은 이 사람처럼 되고 싶습니까?

⑬ 당신은 이 사람과 함께 생활하고 친구가 되고 싶습니까?

⑭ 이 사람을 그릴 때 누구를 생각하고 있었습니까?

⑮ 이 사람은 당신을 닮았습니까?

⑯ (특수한 인물인 경우) 왜 이 사람을 그렸습니까?

⑰ (그림에서 이해하기 곤란한 부분의 경우) 이것은 무엇입니까? 왜 그렸습니까?

⑱ 당신은 그리고자 한 만큼 잘 그려졌습니까? 어떤 부분이 그리기 어려웠고, 마음에 들지 않습니까?

2) 집-나무-사람 그림 해석

(1) 전체적 평가

전체적 인상, 조화, 구조, 이상한 곳은 없는가에 주목하여 어떤 모양의 사람을 그렸는가를 생각해 나가는 것이다. 전체적 평가에서 밝혀야 하는 것은 피험자의 적응 수준, 성숙도, 신체상의 혼란 정도, 자기와 외계에 대한 인지방법을 파악한다.

(2) 내용분석

무엇을 그렸는지를 분석하는 것이다. 내용분석에 있어서는 명백하고 큰 특징을 먼저 다루는데, 그림 그린 후의 질문을 실시하여 피험자가 질문에 따라 연상하는 것을 묻는 것이 해석에 효과가 있다.

(3) 형식적 분석

어떻게 그렸는가를 분석하는 것이다. 그림을 그리는 순서, 위치, 크기, 필압,

선의 농담, 그림의 대칭성, 운동성, 원근법, 음영, 생략, 강화, 지우기 등을 다루며, 이것으로 성격의 단면을 이해해 나가는 방법이다.

① 검사태도 및 소요시간

- 소요시간이 2분 이하로 짧거나, 30분 이상 걸릴 때는 의미가 있으며, 그림을 그리는 데 갈등을 가지는 경우가 있다.
- 오랜 시간이 소요 : 완벽성, 강박경향이 있는 경우에 볼 수 있다.

② 순서

- 그림을 이상한 순서로 그릴 때 : 일반적으로 사람을 그릴 경우는 얼굴, 눈, 코, 입, 목, 팔, 다리의 순으로 그리나 얼굴 내부를 먼저 그린다.
- 윤곽선을 나중에 그리거나 발을 먼저 그리고 얼굴을 마지막에 그리는 경우는 대인관계에 문제가 있거나 사고 장애의 경우에 볼 수 있다.

③ 크기

- 용지의 2/3의 크기가 적당
- 지나치게 작은 그림 : 내적 열등감, 위축감, 부적절한 감정, 자기 억제적, 소심함, 우울증적 경향
- 지나치게 큰 그림 : 환경에 대한 적의와 공격성, 자기 확장, 과잉 행동적, 정서적 조증의 상태, 과장된 경향

④ 위치

- 용지의 위쪽 : 욕구나 포부 수준이 높고, 어려운 목표를 설정해 놓고 갈등과 스트레스를 느끼는 가능성
- 용지의 아래쪽 : 불안정감, 부적절감, 우울증적 상태
- 용지의 가운데 : 적정한 수준의 안정감
- 용지의 왼쪽 : 충동적 만족, 자의식이 강하고 과거로 퇴행, 내향적인 성향, 여성적 경향
- 용지의 오른쪽 : 지적 만족, 미래 강조, 남성적 특징

⑤ 필압

- 매우 진한 선 : 심한 긴장, 공격성, 자기주장성
- 매우 옅은 선 : 우유부단함, 소심함, 에너지 수준이 낮음, 부정적 자긍심, 우울

⑥ 스트로크(stroke)

- 긴 스트로크 : 자신통제
- 짧은 스트로크 : 충동성
- 망설이지 않고 한 줄인 선 : 안정되고 자신 있는 것
- 흔들리고 덧칠되는 선 : 자신감이 없고 불안정함

⑦ 지우기

- 불안감, 우유부단함, 불확실성, 강박성

⑧ 생략과 왜곡

- 그 부분이 피험자에게 갈등이 되고 있음

⑨ 음영

- 불안, 갈등

3) 분야별 그림 해석

(1) 집 그림 해석

가정상황을 나타내며, 자신의 가정생활과 가족관계에 대한 지각, 현재의 가정을 어떻게 보는지, 이상적인 장래의 가정과 과거의 가정에 대한 소망을 나타냄

- 지붕 : 정신생활, 특히 생활의 공상영역 상징
  - 지나치게 큰 지붕을 그리고 다른 부분은 작게 그린 것은 공상에 열중, 외적인 대인관계로부터 도피 경향
  - 지붕을 그리지 않거나 한 개의 선으로 그린 경우는 위축된 성격, 구체적인 것만 원함
  - 그물무늬의 음영 넣기는 지나친 양심과 죄책감, 강조는 공상에 대한 과잉통제(Jolles, 1964)

- 벽 : 자아의 강도와 관계
  - 튼튼한 벽은 완강한 자아, 얇은 벽은 약한 자아
  - 벽면이 경사진 것은 자아의 통합성과 안정성이 흔들림
  - 벽을 통해 집의 내부가 보이도록 그린 성인의 경우는 비판적 현실검증이 부적절, 구조화하려는 강박적인 욕구
- 문 : 환경과 직접적인 상호작용, 대인관계에 대한 피험자의 태도
  - 문의 생략은 가정환경에서 타인과 접촉하지 않으려는 감정, 외부와의 교류를 원치 않는 냉정한 사람
  - 너무 작은 문은 접근의 까다로움이나 수줍음, 측면의 문은 현실 도피
  - 문이 마지막으로 그려지는 경우는 사람과의 접촉이 어려움, 경첩이나 문고리의 강조는 편집성, 방어적 민감성
- 창문 : 환경과 접촉하지 않으려는 것
  - 완전히 닫힌 커튼은 환경과 접촉하지 않으려는 것
  - 반 열린 커튼은 환경과 통제된 교류
  - 지나치게 크거나 많은 창문은 환경과의 상호작용에 대한 지나친 관심
  - 지나치게 작거나 없는 것은 적대적, 부정적 경향, 타인에 대한 관심 부족
- 방들 : 방을 그린 사람이 방과 관련된 특별한 의미, 긍정적이거나 부정적인 경험
  - 욕실의 강조는 Freud의 '항문기적 성격', 인색하고 강박관념적 사고, 아동기에 가족들과 긴장하며 싸움 경험

- 침실의 강조는 조용하고 은신처이며 우울경향
- 식당과 부엌의 강조는 양육을 위한 장소, 의존성과 애정욕구
- 거실의 강조는 사회화를 위한 장소
- 불결한 방의 강조는 가정 혹은 자신에 대한 적개심

• **계단과 보도** : 사회적 상호관계의 환영(Burns, 1980)
- 창도 없는 편편한 벽에 기대어 있는 계단은 접근과 관련된 갈등
- 잘 조화되고 쉽게 그려진 보도는 통제와 사회성
- 긴 보도나 집에 기대어 있는 계단은 유도된 접근

• **굴뚝과 연기** : 굴뚝을 그리지 않아도 별다른 문제가 없음
- 굴뚝은 인간관계에서의 따뜻함과 친밀성, 가정에서의 심리적 온정에 대한 지나친 관심, 청소년기의 남성에 대한 성적 관심
- 굴뚝에 많은 연기가 나오게 그린 경우는 마음속에 긴장이 있고, 가족간의 갈등과 정서적 혼란

(2) 나무 그림 해석

내담자의 기본적인 자기상을 나타내며, 자신의 마음상태에 대해 어떻게 느끼고 있는지, 정신성숙도의 정도를 나타냄

• **주제** : 개인이 경험하는 갈등과 정서적 어려움
- **상록수** : 자신을 활력이 넘치는 존재로 인식, 그렇게 행동하고 싶다는 희망

– 낙엽수 : 외계의 힘에 의해 움직이고 있다는 감정
– 버드나무같이 밑으로 처지는 나무는 내향적, 폐쇄적, 우울
– 나무에 개가 오줌을 싸는 것을 함께 그린 경우 : 자신에 대한 가치감, 자기존중감 결여, 부적절감

- 줄기 : 성장과 발달에 있어 에너지, 창조력, 생명력, 생활에 대해 느끼는 감정을 반영
  – 큰 줄기 : 환경에 대해 적극적으로 행동, 현실과 공상 면에서 공격적 행동 경향
- 수피
  – 자신과 외계와 타인과 접촉하는 부분
  – 나무껍질을 검게 칠한 것은 외계와의 사이에 긴장감, 우울함, 불안
  – 나무껍질을 상세하게 그리는 것은 환경과의 관계에 강한 관심
- 줄기의 상흔, 옹이구멍 : 외상 경험
- 가지 : 환경과의 관계, 자신의 능력, 가능성, 적응성을 어떻게 보고 있는지를 나타냄
  – 가지가 갈라지지 않은 그림 : 경직된 성격
  – 위로만 향한 가지 : 성취에 대한 긴장
  – 위가 잘리거나 부러진 가지 : 성공에 대한 희망 없음을 표시
  – 끝이 날카로운 창 같은 모양의 가지 : 강한 공격성, 적개심 시사

- 수관
  - 줄기가 짧고 수관이 큰 나무 : 자신감과 야망을 가지고 정열적으로 몰두하는 사람
- 뿌리 : 현실을 지배하는 자신의 능력
  - 뿌리가 보이는 것처럼 그리는 것 : 현실검증력의 장애
- 나무 외의 상징물
  - 새 : 일반적으로 새는 자유를 지향하거나 도피하고자 하는 욕구, 성장하고자 하는 욕구, 새둥지는 안전함을 원하는 퇴행적인 사람
  - 풍선 : 상승하고자 하는 욕구, 지배, 회피의 욕망
  - 구름 : 불안한 마음이 머리 위에 놓여 있는 상태, 구름의 수는 가족구성원의 수와 일치하거나 삼각관계에 놓인 사랑과 연관성 있음
  - 연 : 엄격한 가족 분위기로부터 벗어나고자 하는 욕구
  - 달 : 달을 그리는 경우 우울증과 관련 있음
  - 눈 : 유아적 행복감과 공상적 만족, 극단적일 경우 우울증이나 자살하려는 마음과 연관됨
  - 기타 : 열매가 떨어지고 있거나 떨어진 나무를 그린 경우는 거부감, 상실, 죄책감, 포기, 나무 속에 동물을 그린 경우는 따뜻한 곳에서 보호받고자 하는 욕구

(3) 사람 그림 해석

자신의 현실상이나 이상상을 나타내며 의미 있는 사람, 일반적인 사람을 어떻게 인지하고 있는가를 나타냄. 자신의 모습을 의식적, 무의식적으로 왜곡시킴. 자기 이외에 타인을 그리는 경우도 있음

- 머리 : 인지적 능력, 공상, 자기통제, 대인관심의 상징
  - 보통보다 머리가 큰 경우는 과대평가 혹은 고도의 열망(Buck, 1948), 보통 이하의 지능(Machover, 1949), 아동들은 성인보다 큰 머리를 그림
  - 현저하게 작은 머리는 자신의 지적 능력, 공상세계와 관련된 부적절감, 지적인 표현과 관련하여 수동적, 억제적, 위축된 태도를 보임
- 얼굴
  - 얼굴이 생략되어 있고 뒤통수를 그리는 경우 세상과 직면하기를 원하지 않으며, 외모에 대한 불안감, 세상에 대한 억제적, 회피적인 태도, 억압된 분노, 거부적 태도
  - 얼굴의 과도한 강조는 공격적, 사회적으로 현저한 행동을 보상함으로 나타냄(Machdver, 1949)
- 눈과 눈썹
  - 현저하게 큰 눈은 의심, 관계망상, 편집증적 특징, 눈이 검고 위협적이거나 날카로운 경우 공격적 행동, 여성들은 남성에 비해 눈을 크게 그리는 경향성이 있음
  - 눈에 음영은 불안함, 사회에 대한 과민한 반응

- 눈이 보통보다 작거나 감은 눈은 내향적 경향성, 타인과 감정 교류에 대한 불안과 회피를 나타냄
- '피카소'의 눈은 의미 있는 사람에 대한 과도한 관심이나 경계심을 나타냄
- 정교화된 눈썹은 과도한 몸단장을 함으로써 솔직한 행동에 대한 비평적인 태도를 반영함
- 조잡한 눈썹은 야만적이고 난폭하며 노골적인 경향성이 있음
- 남성이 속눈썹을 자세히 그린 것은 동성애적 경향의 가능성을 나타냄

• 귀
- 귀를 너무 크게 그린 경우는 정보를 지나치게 받아들이려 하는 것, 대인관계 상황에서 예민함을 의미하며, 너무 작게 그린 경우는 정서적 자극을 피하고 위축되어 있음
- 귀를 너무 강조하여 그렸다면 감정 교류에 대한 불안감과 긴장감, 다른 사람이 나를 어떻게 생각할까에 대한 예민함, 타인의 의도에 대한 불신과 의심 그리고 스스로를 방어하고자 하는 욕구로 나타남

• 코 : 코를 어떻게 그렸는가는 환경으로부터 정서적 자극을 어떻게 받아들이고 반응하는지와 외모에 대한 관심 여부나 정도를 알 수 있음
- 코를 그리지 않는 경우는 자신이 타인에게 어떻게 보일지에 매우 예민하고 두려움을 의미하며, 사회적 상황에서 위축되고 지나치게 회피적일 수 있음
- 코를 너무 크게 그렸다면 주변 사람과의 관계에서 정서적 자극에 너무

예민하거나 외모에 지나친 관심을 가지고 있음

– 코를 작게 그렸다면 외모에 대해 자신이 없고 위축되어 있으며, 타인과의 감정 교류에 대해 수동적이고 회피적인 태도를 가지고 있음

– 콧구멍을 너무 강조해서 그린 경우는 대인관계에서 미성숙한 태도와 공격적인 행동을 보임

- 입 : 입을 어떻게 그렸는가는 환경으로부터 정서적 자극을 어떻게 받아들이고 반응하는지와 외모에 대한 관심 여부나 정도를 알 수 있음

– 입을 그리지 않는 경우는 애정의 교류에 있어서 심한 좌절감이나 무능력감, 위축감, 양가감정을 느끼고 있음을 의미하며, 애정을 줄 수 있는 중요한 인물들, 즉 부모 같은 대상과의 관계에 상당한 갈등이나 결핍이 있음

– 입을 너무 크게 그린 경우는 타인과의 정서적 교류, 애정의 교류에 있어서 불안감을 느끼지만 과도하게 적극적–주장적–공격적인 태도를 보일 때 역으로 불안감을 보상하고자 함

– 입을 너무 작게 그리면 내적인 상처를 받지 않으려고 정서적 상호작용을 회피하거나, 절망감이나 우울감이 나타남

– 이를 뾰족뾰족하게 그렸다면 상당한 공격성과 내면의 불안감을 나타내며, 이를 하나하나 그린 것이 아니라 치열의 전체 윤곽선만 그렸다면 정서적인 욕구를 수용하고 표현하는 데 불확실성과 주저함이 있음

- 목 : 목은 머리에서 일어나는 인지적 활동, 즉 사고, 공상, 감정과 몸에서

일어나는 신체적 반응을 연결하는 통로. 마음과 몸에서 일어나는 경험에 대해 스스로 통제감을 느끼고 편안해함을 의미

- 목을 그리지 않은 경우는 인지적 활동이나 신체적 반응에 대한 통제력 모두가 약화되어 신체적 행동의 통합이나 조절이 부족한 상태, 즉 뇌기능장애, 해리장애, 사고장애일 가능성
- 목이 너무 길게 그려진 경우는 자신의 행동을 조절할 수 있을지, 충동 통제를 할 수 있을지에 대해 자신감이 부족하며 억제된 혼자만의 공상에 몰두함으로써 해결하고 싶어 함을 의미

• **팔** : 팔은 우리가 하고자 하는 것을 수행해 주며, 외부환경과 직접적인 접촉을 하는 신체 부위. 그러므로 팔을 어떻게 그렸는지는 환경과 어떻게 상호작용했는지, 현실 속에서 어떻게 대처하고 자신의 욕구를 충족하는지를 나타냄

- 팔을 그리지 않는 경우는 세상과 관계를 맺고 싶어 하지만, 내적인 갈등이나 양가감정으로 인해 부분적인 억압이 일어나고 있음
- 손을 허리에 대고 팔꿈치를 옆으로 벌리고 있는 팔은 자기도취 혹은 으스대는 경향이 있는 성격을 말함(Machover, 1949)
- 팔을 너무 길게 그렸다면 세상과 교류하는 능력에 대한 부적절감을 과잉보상하려 함
- 팔을 너무 굵게 그렸다면 세상과 타인을 지나치게 통제하거나 지배적 행동을 보임으로써 무능력감을 과잉보상하려 함

- 근육질의 팔로 그렸다면 공격적 태도를 통해 자신의 힘과 환경과의 교류능력을 과시적으로 강조함
- 팔의 생략은 손의 생략과 같이 죄의식, 극단적인 우울증, 일반적인 무력감, 환경에 대한 불만, 강한 철회 경향 등을 나타냄(Machover, 1949)

- 손 : 손은 세상과의 교류, 자신의 욕구 충족을 위한 행동, 현실에서의 대처 행동을 보다 정교하게 할 수 있도록 해주는 신체 부분. 그렇기 때문에 손에 대한 그림을 통해 환경에 대한 통제능력을 알 수 있음
  - 손을 그리지 않는 경우는 환경에 부적절감이 매우 심함을 나타냄
  - 팔은 그리고 손을 그리지 않았다면 타인과 교류하고자 하는 소망과 교류를 제대로 해낼 수 없을 것 같은 불안감 간의 심한 내적 갈등이 있음
  - 손을 주머니에 넣거나 해서 안 그린 경우는 회피와 양가감정을 느끼고 있음
  - 손을 너무 크게 그린 경우라면 과잉 행동성이나 주장성을 통해 환경을 통제하고 대처하는 자신의 능력에 대한 부적절감을 과잉보상하고자 함
  - 손을 너무 작게 그렸다면 스스로의 통제력이 너무 부족하다고 느끼고 수동적이고 억제적인 방식으로 행동하고 있음
- 다리 : 다리는 어떤 목표 지점을 향해 자기 위치를 옮기고 충족감을 줄 수 있는 원천으로 다가갈 수 있게 해주며, 환경의 위험으로부터 도피할 수 있게 해주고, 현실 상황에서 지탱해 설 수 있게 해주는 부분. 그러므로 다리 그림은 여러 가지 영역과 그 사람의 심리적 상태와 특성을 알 수 있게 해줌

- 다리를 그리지 않는 경우는 무력감과 부적절감이 매우 심하여 우울한 상태에 이르며, 과도하게 위축되어 있음
- 다리를 너무 길게 그린 경우는 자율성, 독립성에 대한 욕구와 과잉 행동성 혹은 과잉 추구적인 행동을 통해 현실 대처능력과 관련된 부적절감을 과잉보상하려는 욕구로 나타남
- 다리를 너무 굵게 그린 경우 세상을 지나치게 통제함으로써 내적 부적절감을 과잉보상하려 함
- 다리를 근육질로 그렸다면 과잉보상의 방법으로 자기주장적이고 공격적인 태도를 보이는 경향이 있음
- 다리를 너무 짧고 가늘게 그렸다면 세상에 대처하는 데 대한 부적절감, 억제 경향성과 수동적인 태도를 가지고 있음
- 다리를 딱 붙인 모습으로 그렸다면 융통성이 부족하고 경직된 성향이 있음
- 두 다리를 교차시키고 있는 경우는 성적인 불안감과 억제 경향성
- 다리를 넓게 벌린 자세로 그리면 반항적 자세를 취함으로써 내면의 불안정감을 과잉보상하려 함

• **발** : 발은 땅과 직접적인 접촉을 하는 부분이자, 그 사람을 세상에 위치시키는 가장 일차적인 부분
  - 발을 그리지 않는 경우는 세상에 혼자 독립적으로 서는 것에 대한 심한 부적절감을 느끼고 있음을 의미할 수 있고, 때로는 현실지각의 왜곡이

있을 가능성

- 발을 너무 크게 그린 경우는 자신의 독립성을 지나치게 강조함으로써 자율성에 대한 부적절감을 과잉보상하려 함
- 발을 너무 작게 그린 경우는 자율성에 대한 부적절감과 두려움을 느끼고 있음
- 발이나 신발을 단순화시켜서 동그스름한 모양으로만 그린 경우는 자율성의 발달이 매우 미숙한 수준임
- 발끝을 뾰족하게 그린 경우 자율성의 성취와 관련된 적대감과 공포감 억압된 분노감이 있음
- 발가락을 뾰족뾰족하게 그리거나 마치 닭발 모양처럼 선 하나로 발가락만 그리고 발바닥을 그리지 않는 경우는 현실지각의 심한 왜곡, 사고장애나 신경증적 장애, 지적장애를 나타냄
- 발을 지나치게 자세하거나 정교하게 그린 경우는 의존과 독립의 갈등, 자율성 문제에 대해 강박적으로 집착하고 있거나, 부적절감을 과시적으로 보상하고자 함

- **몸통** : 어깨 바로 밑의 쇄골부터 가랑이까지의 부분이 몸통에 해당되는데, 그 사람의 내적인 힘을 보유하고 있는 부분이라고 할 수 있음
  - 몸통을 그리지 않는 경우는 퇴행이 매우 심하고 사고장애가 있음을 의미하거나, 지적장애 혹은 신경증적 장애가 있음을 나타냄
  - 몸통을 너무 길게 그렸다면, 지나친 행동성을 보임으로써 스스로의 내

적 힘이 부족하다는 느낌을 과잉보상하려 함

- 몸통을 너무 넓게 그렸다면, 주변 사람에게 요구를 많이 하거나 권위적인 태도를 취함으로써 내적 힘의 결핍감을 과잉보상하려 함을 나타냄
- 몸통을 길면서도 필압이 낮고 흐리게 그렸다면, 부적절감으로 인해 대인관계에서 위축되어 있음을 나타냄
- 몸통을 너무 짧고 굵게 그렸다면, 화가 나면 매우 난폭해질 가능성을 나타냄

• 어깨 : 어깨는 짐을 지거나 무게를 지탱하는 능력을 나타내므로 상징적으로 책임을 지는 능력과 관련되어 있음

- 어깨를 그리지 않는 경우는 스스로 책임지는 것에 대해 부적절감을 느끼며, 책임지는 상황을 회피하고자 함
- 각이 진 어깨는 공격적－적대적 경향을 나타내고, 작은 어깨는 열등감을 나타냄(Buck, 1948; Jolles, 1964)
- 어깨를 너무 크게 그렸다면 상징적으로 책임감이 너무 강하고, 자신이 너무 책임을 지려 한다는 의미에서 지배적이거나 과도하게 권위를 내세움을 나타냄
- 어깨를 너무 작게 그렸다면 스스로 책임 있게 완수하는 능력에 대해 자신이 없고 책임감을 가져야 하는 상황에서 위축되고 수동적 자세를 취하려는 경향을 나타냄

• 옷 : 옷은 내담자의 사회적 역할과 지위, 성격과 관심을 상징함

- 속옷을 입었거나 발가벗은 모양을 그린 경우는 성적인 것을 숨어서 들여다보려는 경향을 나타내는 것일 수도 있고, 과시적인 경향을 의미함
- 옷을 많이 입고 있는 경우는 유아기적 성향이거나 성적으로 부적응하고 있는 성격을 나타냄
- 지나치게 큰 옷을 입고 있는 경우는 부적절감과 자아경멸감을 나타냄
- 비치는 옷을 입고 있는 경우는 성적인 것을 들여다보려는 경향과 과시적인 경향을 나타냄
- 단추를 강조하여 그린 경우는 의존적, 유아적, 무능력한 성격을 나타냄
- 단추를 중앙의 밑부분부터 아래로 쭉 내려서 그린 경우는 퇴행을 나타냄
- 소맷부리에 단추를 강조하여 그린 경우는 의존성과 강박상태를 나타냄
- 호주머니를 강조하여 그린 경우는 유아적 – 의존적인 남성의 성격을 나타냄
- 호주머니를 크게 그려 강조하고 있는 경우는 어머니에 대한 정서적 의존성과 관련된 갈등을 가진 청년기의 남성다워지려는 노력을 나타냄
  넥타이를 강조하여 그린 경우는 성적인 무력감 또는 부적절감을 나타내는 것으로, 특히 사춘기와 40세 이상 남성의 경우에서 많이 나타남
- 넥타이를 작고 불확실하게 그렸거나 빈약하게 그린 경우는 약한 성욕으로 인한 절망감을 나타냄
- 눈에 띌 정도로 넥타이를 길게 그린 경우는 발기불능의 두려움에 대한 지나치게 보상직인 성적 공격성을 나타냄

- 큰 구두는 안정감의 욕구를 나타냄. 구두나 구두끈 등을 지나치게 자세하게 그린 경우는 강박적이고 뚜렷한 여성적 특성을 나타내는 것이며, 흔히 사춘기 이전의 소녀들에게 나타남

• 신발

- 신발을 상세하게 그리는 것은 남성인 경우에는 여성에 대한 관심, 여성의 경우에는 여성다움을 구하거나 보이려는 욕구를 나타냄
- 낡은 모양의 신발을 그리거나, 몇 번이고 고쳐 그리거나, 진한 음영을 칠하는 것은 성적 능력의 쇠약을 고민하는 초로기의 남성에게서 많이 나타남
- 커다란 신발은 안정에 대한 욕구를 나타냄(Burns & Kaufman, 1972)
- 신발, 레이스 등을 너무 자세히 그리는 것은 강박적이며 지나치게 여성의 특징을 나타내는 것으로, 사춘기 소녀의 경우에 흔히 관찰됨(Machover, 1949)

• 소지품과 액세서리

- 남성상이 파이프, 담배, 지팡이, 총, 권총 등을 소지하고 있는 모양을 그리는 것은 일반적으로 남성다움에 대한 욕구를 갖는 내담자에게서 많이 보임
- 청소년기의 남녀 내담자가 허리띠를 강조하여 그리는 것은 성 충동을 의식적 혹은 무의식적으로 통제하려는 것
- 귀걸이를 그린 경우 외모에 관심이 많음을 나타내며, 너무 자세하고 정

교하게 그렸다면 타인에게 자신을 과시하고 드러내 보이고 싶어 하는 자기애적 욕구 혹은 대인관계 불안감을 강박적으로 보상하고자 하는 욕구를 나타냄

- 큰 서류 가방을 그리는 것은 성적 능력의 무력함을 지적인 힘으로 보상하려는 시도

2 동적 가족화 해석기준

동적 가족화의 해석은 5개의 진단영역으로 나누어진다.

- 인물상의 행위(figure actions)
- 양식(styles)
- 역동성(dynamics)
- 인물상의 특징(figure characteristics)
- 상징(symbols)

1) 인물상의 행위(Figure Actions)

인물상의 행위는 두 가지 관점에서 해석될 수 있다.

첫째, 행위의 상호작용 측면에서 볼 수 있는데, 가족 모두가 상호작용하고 있는가 아니면 일부가 상호작용하고 있는가 또는 상호작용 행위가 없는가에 따라 가족의 전체적 역동성을 엿볼 수 있다.

둘째, 각 인물상의 행위를 중심으로 분석한다. 그 이유는 이 세 사람이 공통되는 가족 구성원이며 자녀에게 있어서 부모는 성격형성의 중요한 장을 형성해 주기 때문이다. 대체로 아버지상은 TV 보기, 신문 보기, 일하는 모습으로 그려지고, 자기상은 공부, TV 보기, 노는 모습 등으로 그려진다. 그러나 행위에 대한 해석은 다음에 언급할 그림의 양식, 상징 등을 고려하여 전체적 관점에서 해석되어야 한다.

2) 그림의 양식(Styles)

일반적으로 양식은 가족관계에서 자기의 감정과 상태, 신뢰감을 나타낸다. 양식은 일반적 양식, 구분, 종이접기, 포위, 가장자리, 인물하선, 상부의 선, 하부의 선 등으로 분류할 수 있다.

(1) 일반적 양식

보통의 신뢰감에 가득 찬 가족관계를 체험하고 있는 경우 그려지는 것으로 복잡하거나 명백한 장벽을 나타내지 않고 온화하고 우호적인 상호관계를 암시하는 그림이다.

(2) 구분

하나 또는 그 이상의 직선이나 곡선을 사용하여 그림에서 인물들을 의도적으로 분리하는 경우다. 사회적으로 고립되거나 내성적인 내담자에게서 보여지는 것으로 다른 가족 구성원으로부터 자신과 그들의 감정을 철회하고 분리시키려는 욕구를 표현한 것으로 해석된다.

(3) 종이접기

검사용지를 접어서 몇 개의 사각 형태를 만들고 그 안에 가족 구성원을 그리는 것으로 구분의 극단적인 양식이다. 이는 가족관계 내에 존재하는 강한 불안이나 공포를 나타내는 것으로 해석된다.

(4) 포위

하나 또는 그 이상의 인물을 어떤 사물이나 선으로 둘러싸는 경우다. 가족 간의 관계에서 자기 자신이 개방적인 감정적 태도를 가지지 못할 때, 가족원 혹은 자기 자신을 닫아버리는 양식이다. 강한 불안이나 불안의 표현으로 주로 책상, 그네, 자동차 등의 사물을 이용하여 교묘하게 표현하는 경우가 많다.

(5) 가장자리

인물상을 용지의 주변에 그리는 경우로, 상당히 방어적이며 문제의 핵심에서 회피하려는 경향이 있다. 또한 친밀한 관계를 맺는 것에 대한 강한 저항을 나타낸다.

(6) 인물하선

자신이나 특정 가족 구성원에 대해 불안감이 강한 경우에 인물상 아래에 선을 긋는 경우가 있다. 가족 구성원 상호 간의 인간관계의 불안정성을 시사하고 있다고 본다.

(7) 상부 · 하부의 선

용지의 상부에 그려진 선으로 불안, 걱정, 공포가 존재함을 의미한다. 하부의 선은 붕괴직전에 놓여 있는 가정이라든가 스트레스하에 있는 내담자가 안정을 강하게 필요로 하고 또 구조받고 싶은 욕구가 강할 때 나타난다.

3) 역동성(Dynamics)

가족 간의 감정을 용지의 전체적 맥락에서 파악할 수 있는 영역으로 인물상의 순서, 위치, 거리, 인물상의 방향, 인물상의 생략, 타인의 묘사 등이 속한다.

(1) 인물상의 순서

- 가족 내의 일상적 순서를 나타내는 경우가 많다.
- 특정 인물이나 자기상이 제일 먼저 그려진 경우에 내담자의 가족 내 정서적 위치에 대해서 특별히 관찰할 필요가 있다.

(2) 인물상의 위치

- 위쪽으로 그려진 인물상은 가족 내 리더로서의 역할이 주어지는 인물을 나타내며 높은 목표를 가지고 그 목표에 도달하고자 노력한다.
- 가족 전원이 위쪽으로 그려진 경우는 가족 전체의 현재 상황에 대한 피험자의 불안이나 불안정감을 의미한다.

- 아래쪽은 억울감이나 침체감과 관계가 있다.
- 가장자리나 아래쪽은 불안정, 낮은 자아 존중감을 의미하기도 한다.
- 좌우로 구분했을 때 우측은 외향성과 활동성에 관계하며, 좌측은 내향성과 침체성과 관계있다.
- 적절히 적응하는 사람들은 남녀 모두 자기상을 우측에 그리는 일이 많다.
- 중앙부에 그려진 인물상은 가족의 중심인물인 경우가 많다. 만약 내담자가 중앙부에 자기상을 위치시켰을 때 자기중심성이나 미성숙한 인격을 의미하는 일도 있다.

(3) 인물상 간의 거리

인물상 간의 거리는 내담자가 본 성원들 간의 친밀성 정도나 심리적인 거리를 반영하는 것이라고 할 수 있다.

- 인물상이 겹쳐지거나 접촉되어 있을 때는 두 개인 간에 친밀함이 존재함을 의미한다.
- 반대로 거리가 먼 두 인물상 간에는 실제생활에서도 상호작용이나 의사소통이 소원한 경우가 많다.

(4) 인물상의 방향

- 그려진 인물상의 방향이 정면일 경우 긍정적인 감정을 반영한 것이다.

- 측면일 경우는 반긍정, 반부정적인 감정을 반영한 것이다.
- 뒷면일 경우 그 인물에 대한 부정적인 감정을 반영한 것이다.

(5) 인물상의 생략

가족원의 생략은 그 가족 구성원에 대한 적의나 공격성, 불안 등의 부정적인 감정을 표현한 것으로 볼 수 있다.

- 인물상을 지운 흔적은 지워진 개인과의 양가감정 또는 갈등이 있음을 시사할 수 있고 강박적이거나 불안정한 심리 상태일 때도 나타난다.
- 가족원의 일부를 용지의 뒷면에 그리는 경우는 그 개인 간의 간접적인 갈등을 시사한다.

(6) 타인의 묘사

가족 구성원이 아닌 제3자를 그린 경우 가족 내의 누구에게나 마음을 터놓을 수 없는 상태에 있을 때 타인이 묘사되는데, 주로 친구가 묘사되는 경우가 많다.

4) 인물상의 특징(Figure Characteristics)

(1) 음영이나 갈기기

- 신체부분에 음영이 그려진 경우 그 신체 부분에 몰두, 고착, 불안을 시사한다. 또한 정신신체 증상의 호소와도 관련된다.

- 그림의 윤곽선이 진하고 그림 안의 선들이 진하지 않을 경우 성격의 평형을 유지하는 것이 곤란함을 나타낸다.

(2) 윤곽선 형태

- 강박적 사고와 관련이 있다.
- 인물상을 빈틈없이 그릴 수 없을 정도로 과도하게 집착하고 있음을 시사한다.

(3) 신체 부분의 과장

- 신체 부분의 확대 혹은 과장은 그 부분의 기능에 대한 집착을 나타낸다.
- 신체 내부를 투명하게 보이는 경우는 현실 왜곡, 빈약한 현실감각, 정신장애 가능성을 내포한다.

(4) 신체 부분의 생략

- 그 신체 부분의 기능의 거부와 그 부분에 집착된 불안 또는 죄의식을 나타낸다.

(5) 얼굴표정

- 직접적인 감정을 나타내므로 해석상 확실한 지표가 된다.

- 인물의 표정은 가족 활동 안에서 내담자가 지각하는 정서반응일 수 있다.
- 얼굴표정을 생략한 경우 가족 내에서 느끼는 갈등이나 정서적 어려움을 회피하거나 거리감을 두려는 시도로 해석할 수 있다.

(6) 의복의 장식

- 나체상을 그리는 사람은 사회규범에 대한 반항적이며 성적 문제를 가지는 경향이 많다.
- 의복을 통하여 신체가 보이도록 그리는 경우는 현실검증력이 낮고 심리적으로 장애가 있는 경우가 많다.

(7) 회전된 인물상

- 인물상이 기울거나 옆으로 누워 있는 경우 : 가족에 대한 인식기능이 상실되었을 때, 거절, 다른 가족 구성원과의 분리감정을 나타낸다.
- 보편적으로 강한 불안정과 정서 통제가 되지 않는 내담자에게서 나타난다.

(8) 정교한 묘사

- 그림이 극히 정교하고 정확하며 질서가 있는 경우는 환경구성에 대한 그림을 그리는 사람의 관심이나 욕구를 반영하는 것이다.
- 과도한 표현은 강박적이고 불안정한 심리 상태를 의미한다.

(9) 필압

- 선이 굵고 강하게 나타나는 경우는 충동이 밖으로 향하고 공격적이고 활동적이다.
- 반대로 약하고 가는 선은 우울하고 소극적인 사람에게 나타난다.

5) 사용된 상징(Symbols)

동적 가족화에 나타난 모든 사물들에 대한 임상적 의미를 부여하기는 어렵다. 많은 동적 가족화를 통해 보편적으로 발견되는 사물과 거기 공통된 임상적 의미를 예측한 것을 상징의 영역으로 간주하고 있다. 상징의 해석이 주관적, 독단적으로 행해지면 내담자의 특성을 잘못 해석할 수 있다. 하나의 상징이 항상 내담자에게 같은 의의와 깊이를 가진다고 볼 수는 없다. 그러므로 역동적, 통합적 관점에서 해석할 필요가 있다.

위의 상징물을 임상적으로 의미를 부여할 수 있는 사물들을 영역화해서 몇 가지 영역으로 나열하면 다음과 같다.

① **공격성, 경쟁심** : 공, 축구공, 그 밖에 던지는 물체, 빗자루, 먼지떨이 등

② **애정적, 온화, 희망적** : 태양, 전등, 난로 등의 열과 빛이 적절할 때
위의 빛이나 열이 강렬하고 파괴적일 때는 애정이나 양육의 욕구, 증오심을 나타내기도 한다.

③ **분노, 거부, 적개심** : 칼, 총, 날카로운 물체, 불, 폭발물 등

④ **우울함, 억울함** : 물과 관계되는 모든 것, 비, 바다, 호수, 강 등

3 동그라미 중심 가족화 해석기준

1) 일반적 기준

(1) 인물상의 상대적 크기

인물상의 크기는 각각의 심리학적 크기나 그 인물의 내부에 포함되어 있는 힘의 양을 반영하고 있다.

(2) 신체 각부의 생략과 강조

- 눈과 눈동자의 생략은 보고 싶지 않음을 나타내며, 눈의 과장이 과도한 경우 경계심을 의미한다.
- 코의 생략은 분노를 나타내지 않으려는 것, 대개 분노가 수용되지 않는 가정에서 양육된 사람들에게서 나타난다. 코의 과장은 외부로 향한 분노다.
- 입의 생략은 의존성과 약함을 표현할 수 없는 것, 입의 과장은 의존성이다.
- 목의 생략은 강한 의지의 사람들에게서 보이며, 긴 목은 의존성을 나타낸다.
- 팔의 생략은 강한 의지의 사람들에게서 보이며, 길게 늘어진 팔은 힘과 조정에 대한 욕구를 나타낸다.
- 허리 아래 부분의 생략은 성에 관한 부정을 의미한다.
- 발의 생략은 불안정과 집시 같은 성격을 나타내는 반면, 길게 늘어진 발은

안전성 및 안정성에 대한 욕구의 표현이다.

(3) 얼굴표정

- 누가 웃고, 울고 있는가, 행복한가, 불행한가, 인물상은 눈이 있는가, 그들은 볼 수 있는가를 파악한다.

(4) 인물상 바로 위의 상징

- 상징은 종종 그 인물에 관련되는 첫째로 연상된 감정이다.
- 상징의 많음은 관심을 의미하며, 적음은 상호작용의 단절을 의미한다.
- 인물상의 상징이 긍정적인지, 부정적인 상징인지를 파악한다.
- 인물상 바로 위의 하트는 사랑을 의미하며, 인물상 위의 칼은 분노를 나타낸다.

(5) 인물상 간의 거리

- 거리는 심리적 거리를 의미한다.

(6) 인물상의 위치

- 중심에서 어느 위치에 있는가를 파악한다.

2) 건강하게 내재화된 부모상과 자기상의 그림 특징

- 전체의 인물상이 생략되거나 왜곡되어 있지 않다.
- 신체 각 부위가 적당한 크기로 균형을 이루고 있다.
- 인물상의 눈, 코, 입이 그려져 있고, 화목한 얼굴표정을 보인다.
- 자신의 상이 중심에 있고, 통제되고 있다.
- 인물상의 상호 간에 지나치게 접촉되어 있지 않고 적당히 떨어져 있다.
- 부모상이 대조적으로 위치하고, 자신의 상에 인접하는 쪽의 신체 왜곡이 없다.
- 이상적으로 부모상은 자신의 상을 부상시켜 바로 보고 있다.
- 주위의 상징이 긍정적이고 희망적이다.
- 살고 싶은 세계가 그려져 있다.

3) 불건강하게 내재화된 부모상과 자기상의 그림 특징

- 인물상의 신체 각 부위가 생략된 사람
- 인물상의 지나친 크기 및 왜곡
- 화목하지 않은 얼굴표정이나 생략
- 부친상과 모친상이 중심부에 있거나 중심부가 비어있다.
- 인물상들이 서로 멀리 떨어져 있다.
- 부모가 자신을 보지 않고, 눈이 없거나 앞만 보고 있다.
- 주위의 상징들이 부정적이다.
- 살고 싶지 않은 듯한 세계를 그리고 있다.

4 양식지

[양식 1] 상담 동의서

상담동의서

1. 상담 진행

1회기 50분 진행되며 정해진 시간 이외 30분 이상 추가 진행에 대해 상담회기에서 1회기 차감됩니다.

2. 상담 취소 변경

상담 일정 변경 및 취소를 원하실 때는 예약된 상담시간 24시간 이전에 연락을 주시면 가능합니다. 24시간 이전에 연락을 주시지 않을 경우 1회기 상담을 진행한 것으로 간주하여 상담회기에서 차감됩니다.

3. 환불 사항

상담진행 2회기까지는 일부 남은 회기 금액 환불이 가능합니다. 2회기 이후 회기는 상담료의 50%만 환불됩니다.

4. 윤리

1) 상담자로서 제반 윤리규정을 준수하겠습니다.
2) 상담내용에 관한 비밀을 보장합니다.
(예외 : 내담자 본인의 생명, 타인의 생명에 위험을 줄 수 있는 상태에 있다고 판단되는 경우)
3) 센터에서 상담을 받는 중 상담사와 내담자의 안전을 위해 녹취 또는 녹화를 허락합니다.

5. 내담자

1) 상담자를 신뢰하고 상담과정에 변화를 위해 성실하게 준수할 것을 약속합니다.
2) 센터에 누가 되는 행동을 하지 않겠습니다.
3) 상담기간 중에는 자살행동을 시도하지 않을 것이며 이에 따른 책임은 상담자나 센터에 있지 않음을 밝힙니다.

위 내용에 동의합니다.

작성일 : 20 년 월 일

내담자 이름 : ________________ (서명)

상담자 이름 : ________________ (서명)

[양식 2] 초기 면담지(아동)

<table>
<tr><th colspan="9">초 기 면 담 지(아동)</th></tr>
<tr><td>접수날짜</td><td colspan="8">20 년 월 일 요일</td></tr>
<tr><td rowspan="2">이 름</td><td colspan="3" rowspan="2"></td><td>나이/ 성별</td><td colspan="4">세 / 남, 여</td></tr>
<tr><td>생년월일</td><td colspan="4"></td></tr>
<tr><td>보호자 성명</td><td colspan="2"></td><td>주소</td><td colspan="5"></td></tr>
<tr><td>연락처</td><td colspan="4">보호자 핸드폰 :</td><td colspan="4">아동 핸드폰 :</td></tr>
<tr><td rowspan="6">가족관계</td><td>관계</td><td>나이</td><td>이름</td><td>학력</td><td>동거여부</td><td rowspan="6">방문 경로</td><td rowspan="6" colspan="2">☐ 인터넷
☐ 지인
☐ 기타</td></tr>
<tr><td></td><td></td><td></td><td></td><td></td></tr>
<tr><td></td><td></td><td></td><td></td><td></td></tr>
<tr><td></td><td></td><td></td><td></td><td></td></tr>
<tr><td></td><td></td><td></td><td></td><td></td></tr>
<tr><td></td><td></td><td></td><td></td><td></td></tr>
<tr><td colspan="9">병원진단/ 상담경험 :</td></tr>
<tr><td colspan="9">주 호소 문제 :</td></tr>
<tr><td colspan="9">내담자 특징 :</td></tr>
<tr><td colspan="9">상담 내용 :</td></tr>
<tr><td>다음 예약 날짜</td><td colspan="8">20 년 월 일 요일</td></tr>
<tr><td>상담자 성명</td><td colspan="8"></td></tr>
</table>

[양식 3] 초기 면담지(성인)

<table>
<tr><td colspan="8">초 기 면 담 지(성인)</td></tr>
<tr><td>접수날짜</td><td colspan="7">20 년 월 일 요일</td></tr>
<tr><td>이 름</td><td colspan="3">남 / 여</td><td>생년월일(나이)</td><td colspan="3">년 월 일 (만)</td></tr>
<tr><td>연락처</td><td colspan="3"></td><td>메일</td><td colspan="3"></td></tr>
<tr><td rowspan="6">가족관계</td><td>관계</td><td>나이</td><td colspan="2">이름</td><td>학력</td><td>동거여부</td><td>기타사항</td></tr>
<tr><td></td><td></td><td colspan="2"></td><td></td><td></td><td rowspan="5">※ 병원진단 내용</td></tr>
<tr><td></td><td></td><td colspan="2"></td><td></td><td></td></tr>
<tr><td></td><td></td><td colspan="2"></td><td></td><td></td></tr>
<tr><td></td><td></td><td colspan="2"></td><td></td><td></td></tr>
<tr><td></td><td></td><td colspan="2"></td><td></td><td></td></tr>
<tr><td colspan="8">상담 경험 유/ 무 :</td></tr>
<tr><td colspan="8">내담자의 특징 :</td></tr>
<tr><td colspan="8">주 호소 문제 :</td></tr>
<tr><td colspan="8">상담 내용 :</td></tr>
<tr><td>다음 예약 날짜</td><td colspan="7">20 년 월 일 요일</td></tr>
<tr><td>상담자 성명</td><td colspan="7"></td></tr>
</table>

[양식 4] 상담일지

상 담 일 지			
* 날짜 : 20 . .	* 시간 :	* 내담자 :	* 회기 :
1. 상담 주제			
2. 상담 내용			
3. 내담자 반응			
4. 상담사 소견			
5. 내담자 특이사항			

[양식 5] 사례 기록지

사 례 기 록 지

◇ 치료자 :

◇ 치료일시 :

◇ 내담자 :

① 내담자 인적사항

② 의뢰경위 및 상담배경

③ 내담자 발달사(가족관계, 가계도)

④ 내담자 주 호소문제

⑤ 내담자 행동관찰

⑥ 치료자가 본 내담자의 문제(사례개념화)

⑦ 치료목표 및 전략

⑧ 심리검사 결과 및 해석

⑨ 치료진행(회기별 프로그램)

⑩ 회기별 상담내용(축어록 1회기 이상)

⑪ 치료결과

5 동물 가족화 〈동물 그림〉

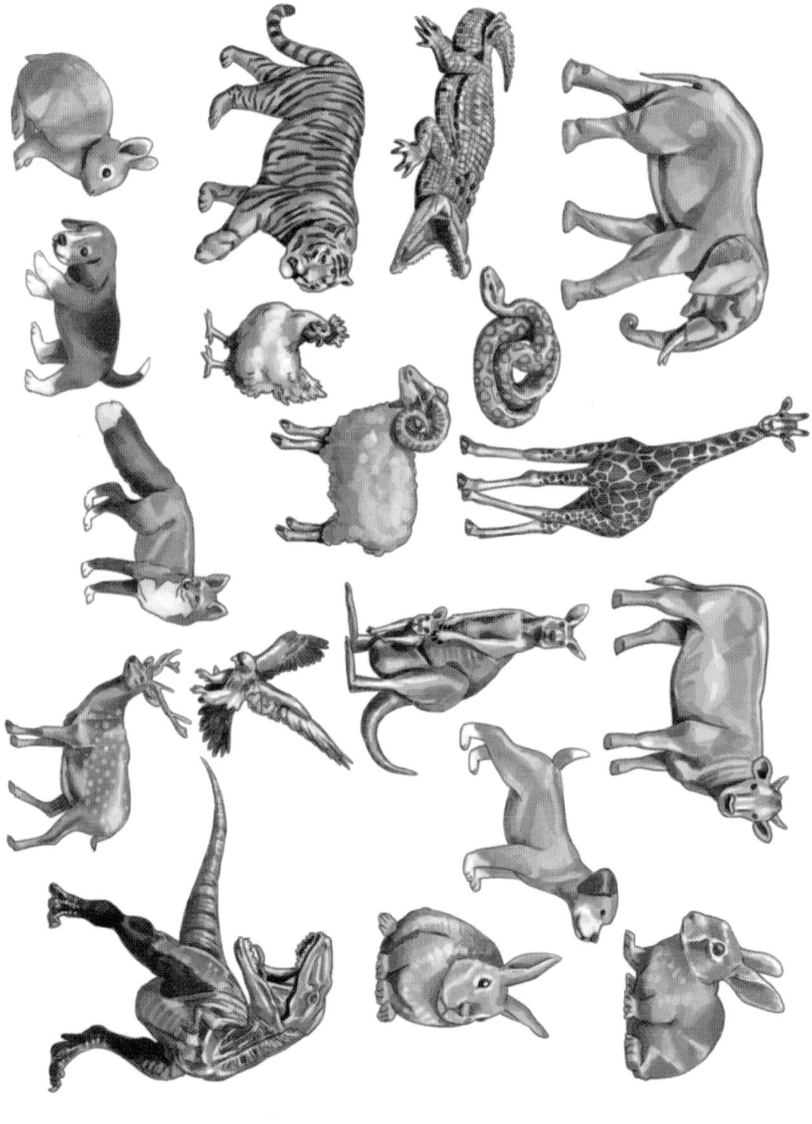

6 어항 가족화 〈어항 그림〉

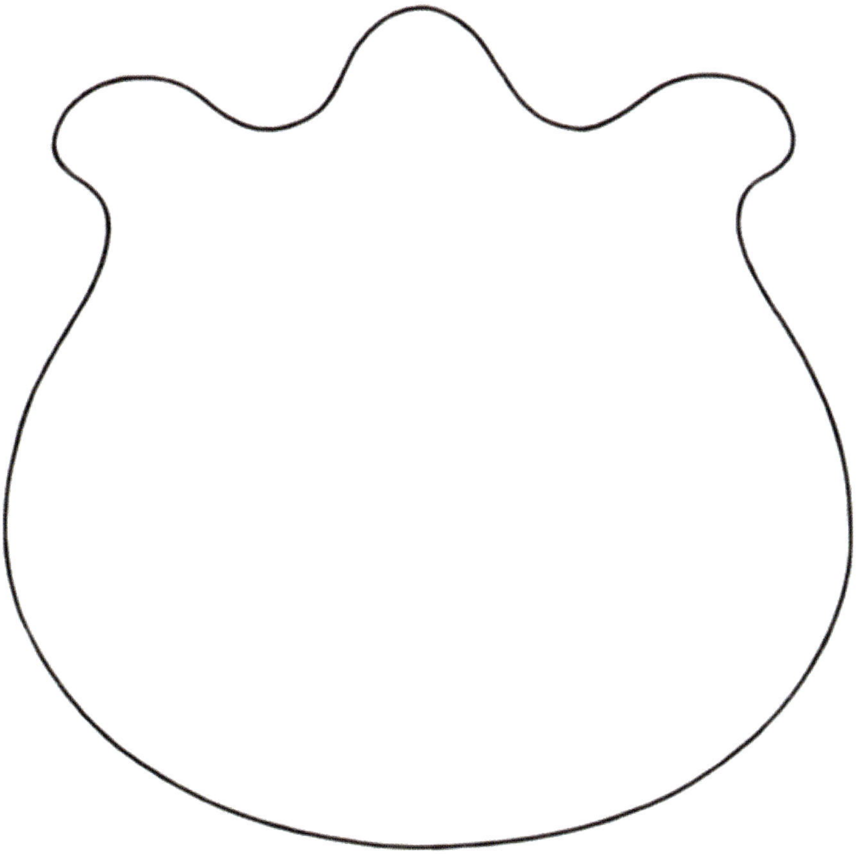

7 동그라미 중심 가족화 〈동그라미 그림〉

참고문헌

1. 국내문헌

강봉규(1999). 심리검사의 이론과 기법. 서울 : 동문사.

곽금주(2002). 아동 심리평가와 검사. 서울 : 학지사.

권기덕 · 김동연 · 최외선(1997). 가족 미술치료. 대구 : 동아문화사.

권중돈 · 고효진 · 이성희 · 임송은 · 장우심 · 이유진(2002). 치매와 가족. 서울 : 학지사.

김동연 · 공마리아 · 최외선 편(2006). HTP와 KHTP 심리진단법. 서울 : 동아문화사.

김동연 · 이재연 · 홍은주 공역(2001). 아동미술심리이해. 서울 : 학지사.

김동연 · 정현희(1999). 동그라미 중심 가족화에 의한 심리진단과 치료. 경북 : 대구대학교 출판부.

김병철 · 김성삼 · 최영주(2014). 그림과 심리진단. 경기 : 양서원.

김병철 · 김성삼 · 박선희 · 박정민(2016). 미술치료사를 위한 매체연구 및 기법실습. 경기 : 양서원.

김상인(2008). 방어기제와 정신건강. 서울 : 한국전인개발연구원.

김선현(2015). 임상미술치료의 이해. 서울 : 학지사.

김예슬 · 박성매 · 오소정 · 조연수(2017). 두드리면 열리는 미술치료. 서울 : 창지사.

김재은 · 이근후 · 김정규 · 박영숙(1991). 이화방어기제검사 실시요강. 서울 : 하나의학사.

김정규(1997). 게슈탈트 심리치료. 서울 : 학지사.

김태용(2000). 가족치료이론. 서울 : 학지사.

김혜숙(2008). 가족치료이론과 기법. 서울 : 학지사.

박 경 · 최순영(2003). 심리검사의 이론과 활용. 서울 : 학지사.

박필임 역(2001). 색채심리. 서울 : 예경.

백양희(2014). 아동 · 청소년 그림진단 및 해석. 서울 : 학지사.

손무결(2004). PITR을 통한 초등학생의 스트레스와 대처행동 측정에 관한 연구. 경성대학교 대학원 박사학위논문.

송명자(2003). 발달심리학. 서울 : 학지사.

송영혜 · 강지예 · 이정자(2010). 아동심리검사 사례집. 서울 : 시그마프레스.

신동주 · 한상희(2016). 상담 · 심리치료장면에서 쓴 미술심리치료 이론과 실제. 경기 : 양서원.

신민섭 외(2003). 그림을 통한 아동의 진단과 이해(증보판). 서울 : 학지사.

신승녀(2015). 미술치료 핸드북 개념과 기술(증보판). 서울 : 창지사.

영남대학교 미술치료연구회(2011). 미술치료학 개론. 서울 : 학지사.

오승진(2015). 색채심리. 서울 : 동문사.

옥금자(2007). 집단미술치료방법론 I 이론과 기법. 서울 : 하나의학사.

유승진 · 류정미(2014). 미술심리진단평가. 서울 : 동문사.

이경숙(2014). 상담심리학. 서울 : 동문사.

이근매(2003). 정서 · 행동장애 아동을 위한 미술치료의 실제. 경기 : 양서원.

______(2008). 미술치료 이론과 실제. 경기 : 양서원.

이근매 · 조용태(2014). 장애아동 미술치료. 서울 : 학지사.

이근매 · 최인혁(2008). 매체경험을 통한 미술치료의 실제. 서울 : 시그마프레스.

이부영(2014). 분석심리학 이야기. 서울 : 집문당.

이영분 외(2014). 가족치료 모델과 기법. 서울 : 학지사.

이윤로(2000). 노인과 치매예방. 서울 : 문음사.

이죽내(2011). 융의 분석심리학적 심리치료 개관. 가족과 상담, 1(1), 41－70.

이창재(2016). 프로이트와의 대화. 서울 : 학지사.

장성화 외(2016). 상담심리학 이론과 실제. 경기 : 정민사.

장연집 역(1994). 아동이 그린 가족화 분석. 서울 : 교문사.

정여주(2016). 미술치료의 이해(제2판). 서울 : 학지사.

정현희(2006). 실제 적용 중심의 미술치료. 서울 : 학지사.

주리애(2000). 미술치료는 마술치료. 서울 : 학지사.

천성문 · 이영숙 · 박명숙 · 이동훈 · 함경애(2016). 상담심리학의 이론과 실제. 서울 : 학지사.

천은영 · 김경신 · 김 영(2016). 미술치료. 서울 : 동문사.

최선남(2007). 집단미술치료. 서울 : 학지사.

최외선 · 김갑숙 · 최선남 · 이미옥(2006). 미술치료기법. 서울 : 학지사.

최외선 · 이근매 · 김갑숙 · 최선남 · 이미옥(2006). 마음을 나누는 미술치료. 서울 : 학지사.

최외선 · 정현희(2004). 동적가족화와 심리진단. 대구 : 중문출판사.

최은영 · 공마리아(2008). 미술심리치료. 서울 : 학지사.

최인혁 · 김소영 · 김경순 · 오선미 · 곽영희 · 장윤희(2014). 매체 in 미술치료. 경기 : 양서원.

최정윤(2002). 심리검사의 이해. 서울 : 시그마프레스.

한국미술치료학회 편(2000). 미술치료의 이론과 실제. 대구 : 동아문화사.

2. 국외문헌

Bandura, A.(1969). *Principles of Behavior Modification*. New York : Holt, Rinehart Winston.

Buck, J.(1948). H−T−P. *Journal of Clinical Child Psychology, 4,* 151−159.

Burns, R. C., & Kaufman, S. H.(1970). *Kinetic Family Drawing(K-F-D) : An Introduction to Understanding Children through Kinetic Drawing*. New York : Branner/ Mazel.

________________(1972). *Actions, Styles and Symbols in Kinetic Family Drawing(KFD)*. New York : Branner/ Mazel.

________________(1990). *Guide to Famlily-Centered Circle Drawings(F-C-C-D) with Symbol Probes and Visual Free Associcaltion.* NY : Brunner/ Mazel.

Cane, F.(1951). *The Artist in Each of Us. Craftsbury Common.* VT : Art Therapy Publications.

Claman, L.(1980). The Squiggle Drawing Game in Child Psychotherapy. *American Journal of Psychotherapy, 34*(33), 414−425.

Elksnin, L. K., & Elksnin, N.(1995). *Assessment and Instruction of Social Skills*(2nd ed.), SanDiego, Singular Publishing Group, Inc.

Erikson, J. M.(1988). *Wisdom and the Senses : The Way of Creativity*. New York : Norton.

Freud S. 저, 김인순 역(1987). 꿈의 해석. 서울 : 열린책들.

Freud S. 저, 윤희기 역(1997). 무의식에 관하여 : 프로이트 전집 13. 서울 : 열린책들.

Gaub, M., & Yontef 저, 김정규 · 김영주 · 심정아 공역(2008). 알아차림, 대화 그리고 과정. 서울 : 학지사.

Geldard Kathryn & Geldard David(1997). *Counseling Children*. 김광웅 · 박인전 · 방은령 공역(2003). 아동상담. 서울 : 중앙적성출판사.

Goodenough, F.(1926). *Measurement of Intelligence by Drawing*. NY : Harcourt Brace and World.

Gregg. M. F. 저, 홍은주 · 최은정 공역(2008). 그림 속에 숨겨진 마음의 세계. 서울 : 학지사.

Jung. C. G. 저, 한국융연구원 C. G. 융 저작 번역위원회 역(2004). 꿈에 나타난 개성화 과정의 상징. 융 기본 저작집 5. 서울 : 솔출판사.

Kaufman, A. S.(1979). *Intelligence Testing with the WISC-R*. New York : John Wiley.

Knoff, H., & Prout, H. T.(1988). *Kinetic Drawing System for Family and School : A Handbook*. California Western psychological services.

Kohli, M.(1992). Altern in soziologischer Perspektive. In Baltes, P. B., & Mittelstraß, J.(Hrsg.), *Zukunft der Alterns und gesellschaftliche Entwicklung*. Berlin : Walter de Gruyter, 231-259.

Kraus, W.(1996). Die Heilkraft des Malens : Einfiihrung in die Kunsttherapie. München, Beck.

Landau, S., & Milich, R.(1992). Visual attention to and comprehension of television in attention-deficit hyperactivity disordered and normal boys. *Child Development*, *63*. 928-937.

Landgarten, H.(1987). *Family Art Psychotherapy*. New York : Brunner/ Mazel.

Lehr, U.(1991). *Psychologie des Alterns.* Heidelberg : Quelle & Meyer.

Liebmann, M. F. 저, 최외선 · 김갑숙 · 전종국 · 최윤숙 공역(2006). **집단미술치료**. 서울 : 학지사.

Malchiodi, C. A. 저, 김동연 · 이재연 · 홍은주 공역(2010). **미술치료사를 위한 아동미술심리 이해(수정판)**. 서울 : 학지사.

Marshall, A. M.(1997). Academic underachievement in ADHD subtypes. *Journal of Learning Disabilities, 30,* 635－642.

Naumburg, M.(1966). *Dynanlically Oriented an Therapy.* NY : Grunne & Stratton.

Rabin, A. I.(1960). *Projective Techniques with Children.* New York : Crune & Stratton.

Rogers, C. R.(1977). *Carl Rogers on Persona/ Power.* N.Y. : Delacorte Press.

Rowe, J. W., & Ross, R. C.(1997). *Successful Aging*. NY : Dell Publishing division of Random House.

Rubin, J. A.(1984). *The Art of Art Therapy*. New York : Brunner/ Mazel. 김진숙 역(2001). **미술심리치료총론**. 한국표현예술심리치료협회.

Ulman, E.(1961). Art Therapy : Problems of Definition. *Bulletin of Art Therapy, 1*(2), 10－20.

Wright, J. H., Basco, M. R., & Thase, M. E.(2006). *Learning Cognitive-Behavior Therapy.* 김정미 역(2009). **인지행동치료**. 서울 : 학지사.

Yalom, I. D.(1985). *The Theory and Practice of Group Psychotherapy*(3rd ed.). N.Y. : Basic Books.

저/자/약/력

■ 정유진

국민대학교 조형대학 공예전공 학사
수원여자대학교 사회복지학 학사
평택대학교 상담대학원 미술치료전공 석사
서울벤처대학원대학교 가족상담전공 박사

김포대학교 아동보육학과 외래교수
김포대학교 학생상담센터 객원상담교수
수원여자대학교 사회복지학과 외래교수
국제신학대학원대학교 상담복지학과 겸임교수

서울시 교육지원청 Wee센터 상담팀장
의정부 지방법원 가사상담위원/부모교육강사
인천시 지방법원 부천지원 가사상담위원
한국상담학회 NLP분과 사무국장
군인가족 지원센터 상담소장

현 하늘스케치심리연구소 소장
한국창의인성개발원 대표이사
김포 다올심리상담센터 센터장
영종 가올심리상담센터 센터장

미술치료학 이론과 실제

| 저자 | 정유진

| 1판 1쇄 | 발행 2025년 1월 30일

| 발행인 | 김동훈
| 발행처 | **공동체**

| 주소 | 경기도 고양시 일산동구 호수로 358-39 동문타워 I 905호(백석동)
| 전화 | 031)814-3000(대표)
| 팩스 | 031)814-3100
| 전자우편 | compub@naver.com
| 홈페이지 | www.compub.co.kr
| 출판등록 | 2005년 10월 6일
| 등록번호 | 제396-2005-36호

| ISBN | 979-11-6725-841-0
정가 22,000원